초등 1학년
신체 활동의 모든 것

2022 개정 교육과정에 맞춘

초등 1학년 신체 활동의 활동 모든 것

한희정
지음

우리학교

"선생님, 어지러워요."

어린 시절, 저는 몸을 움직이는 것을 지독하게도 싫어했습니다. 체력이 약하고 빈혈이 있다는 이유로 체육 시간이면 나무 그늘에서 땅바닥에 그림을 그리던 학생이 바로 접니다. 그렇게 초중고를 마치고 교대에 입학했을 때 체육을 또 해야 한다는 사실에 좌절한 기억도 있습니다. 그랬던 제가 신체 활동에 관한 책을 쓰다니, 천지가 개벽한 것일까요?

마을 여성들과 축구를 하겠다고 축구화를 사고 축구 규칙을 배우며 드리블을 연습하던 저는 그렇게 나의 몸에 눈을 뜨고 몸을 쓰는 것에 대해 다른 생각, 다른 감각을 일깨웠습니다. 그러다 보니 학교에서 남자아이들의 축구 동아리를 담당하기도 하고(축구를 잘해 담당 교사가 된 것은 아니지만요), 1학년 체육 대회를 진행하고, 체육 수업을 두

려워하지 않고 즐기는 교사가 되었습니다. 그래서 요즘은 "교장 선생님은 어떤 과목 좋아하세요?"라고 물으면 "당연히 체육이지!"라고 답하며 1~2학년 아이들과 함께 체육 수업을 합니다. 한껏 달릴 수 있는 기회만 주어지면 신나게 참여하는 아이들을 보는 것이 큰 보람과 기쁨으로 다가옵니다. 이 책은 그런 경험의 산물입니다.

요즘 아이들을 '알파 세대'라고 부릅니다. 이들은 태어나기 전부터 스마트폰을 접하는 '디지털 네이티브'이기도 합니다. 심리학자 조너선 하이트(Jonathan Haidt)는 이들을 '불안 세대'라고 명명하기도 했습니다. 학교 현장에서 뚜렷하게 관찰되는 문제는 대근육과 소근육을 사용하는 능력 발달의 지연입니다. '온라인'이 아닌 '오프라인'에서 주변의 사물과 지형, 공간을 인지하고 그에 맞는 움직임 전략을 실행하는 능력이 충분히 발달하지 못하는 데서 비롯됩니다. 그 와중에 '7세 고시'와 같은 학대적 행위는 아이들이 자신의 몸을 부려 쓰는 능력을 발달시킬 기회를 박탈하기도 합니다.

그러나 여러 연구가 지적하듯이 움직임 능력을 비롯한 신체 활동은 단지 몸의 근육을 쓰는 행위가 아니라 고도의 인지적 작용이 수반된 통합적 활동입니다. 단순한 놀이에서 규칙 기반 놀이로 넘어가면서 규칙을 이해하고 그에 맞게 자기를 규제하는 것이 자기 규제 능력 발달의 기초입니다. 그 방법들을 나누고 싶어 이 책을 썼습니다. 2010년부터 비고츠키의 원전을 번역하고 공부하면서, 1학년 담임교사로 비고츠키 아동학을 교실 현장에서 실천하면서 궁구해 왔던 나름의 방법 혹은 제안입니다.

힘들고 고되지만 함께 웃고 즐기면서 기쁨과 보람을 느낄 수 있는 1학년 신체 활동의 노하우를 담으려고 애썼습니다. 1학년 아이들의 발달 특성에 대한 이해를 바탕으로 안전한 신체 활동에 교사 누구나 도전할 수 있게 돕는 것이 이 책의 목표입니다. 교사 혼자 감당하기에는 어려운 1학년 교실살이와 부족한 신체 활동 지원이라는 현실의 틈을 벌려 '내 몸을 부려 쓸 줄 아는 어린이와 교사'로 오늘을 살길 바랍니다.

2025년 5월 15일
들꽃처럼 피고 싶은 하루를 보내며
한희정

· 차례 ·

3장 · 「학교」에서의 신체 활동

4장 · 「사람들」에서의 신체 활동

5장 · 「우리나라」에서의 신체 활동

6장 · 「탐험」에서의 신체 활동

7장 · 「하루」에서의 신체 활동

8장 · 「약속」에서의 신체 활동

9장 · 「상상」에서의 신체 활동

10장 · 「이야기」에서의 신체 활동

1장

1학년 발달 톺아보기

7세의 위기를 건너가는 아이들

1학년은 외계인이다?

고학년을 주로 맡던 교사들이 처음 1학년을 맡으면 "1학년은 외계인 같다"라는 말을 하곤 합니다. 예기치 못한 당혹감을 '외계인'이라는 단어로 표현한 것이죠. 아이들은 너무나 사랑스럽기도 하고 이해 불가한 존재처럼 보이기도 합니다.

"앞을 보고 반듯하게 한 줄로 서세요"라고 하면 아이들은 '앞'을 보기 위해서 사선으로 섭니다. 앞을 보라는 말에 주목해 '반듯하게', '한 줄'이라는 말을 흘려 버립니다. 점심을 먹기 위해 배식대 앞에서 줄을 설 때도 마찬가지입니다. 몇 명은 태극 1장을 하고, 몇 명은 노래를 부르고, 몇 명은 춤을 춥니다. 남이 보건 보지 않건 아랑곳하지 않고 행동하죠. 아이들은 모두 관심 받기 위해 이럴까요?

"이거 우리 집에 열 개 있어", "우리 집에는 백 개 있어", "우리 집에는 백만 개 있어"라며 목청 높여 열을 내는 아이들을 보면 '거짓말인 줄 뻔히 아는데 왜 이리 진심으로 싸우는가' 싶기도 합니다.

이런 1학년 아이들의 말과 행동, 인지적 특성을 레프 비고츠키(Lev Vygotsky)는 '7세의 위기'라고 정의했습니다. 이 시기 아이들은 "거짓말과 공상을 하고, 흉내를 내며, 존재와 삶의 근원에 대한 질문"을 합니다.

1학년은 자기중심적이다?

1학년 학부모 상담을 할 때면 "우리 애가 자기중심적이라 걱정이에요"라는 말을 종종 듣게 됩니다. 대화의 맥락을 살펴보면 자기만 생각하고 자기 것만 챙긴다는 의미인 듯합니다. "1학년은 자기중심적이라 협력 활동이나 모둠 활동을 하기가 어려워요"라는 교사들의 말도 듣곤 합니다.

러시아의 초등교사이자 아동학자 루이자 슐레게르(Луиза Карловна Шлегер)는 1학년 아이들이 우쭐대고, 변덕스럽고, 어릿광대 같은 행동을 한다고 기록했습니다. 가식적인 행동이나 과시적인 몸짓, 허세를 부리는 특성이 있을 뿐 아니라 어처구니없는 행동을 아무렇지도 않게 한다고도 보고한 바 있습니다. 이 같은 이유로 '1학년 아이들은 도대체 왜 이러는 걸까?'라는 질문을 마음에 달고 사는 교사들도 있는 것이죠. 겉으로 드러난 현상만 보면 그렇습니다.

우리와는 사는 세계가 '다른' 외계인 같기도 하고, 자기'만' 생각하고 전체와 맥락을 전혀 생각하지 '않'는 것처럼 보입니다. 비고츠키는 이런 부정적인 현상들을 '초기 자아'가 출현하기 위한 필연적 과정이라고 진단합니다. 다르게 표현하면 어른인 우리가 이미 거쳐 왔으나 우리는 망각한 것이며, 자기 외에는 볼 수 '없'는, 전체와 맥락을 생각하지 않는 것이 아니라 생각하지 '못'하는 어떤 시기를 통과하고 있다는 것입니다. 그런 과정을 겪고 7세의 위기를 지나면 다른 사람의 맥락을 염두에 두고 말하고 행동할 수 있는, 질적으로 달라지는 시기가 옵니다.

아이들은 발달 중

아이가 자기중심적이라고 하는 부모들도, 모둠 활동이 어렵다고 하는 교사들도 간과하는 부분이 있습니다. 아이들은 모두 자라는 중이며, 지금 이 순간에 보이는 아이들의 말과 행동이 발달의 최전선, 그 아이의 역사에서 가장 첨단에 서 있는 시기라는 점입니다.

세 살 혹은 네 살 아이에게는 '자기중심적'이라고 하지 않습니다. 말과 행동이 서툴러서 늘 보살핌이 필요하다고 생각하기 때문입니다. 그런데 일곱 살쯤 되면 말과 행동이 확연히 달라지고 때론 또박또박 따지기도 하니 다 큰 아이처럼 느껴집니다. 이런 일들이 반복되면서 부모나 교사는 그 이상의 말과 행동을 기대하고 요구하게 되죠. 이럴 때 잊지 말아야 할 점은 '아이들은 발달 중'이라는 사실입니다.

1학년은 자기맥락적이다!

우리는 1학년 아이들이 자기중심적이 아니라 '자기맥락적'으로 행동한다고 해야 합니다. 아직은 '자기맥락'만 보이고 타인의 맥락, 타인의 시선, 타인의 마음을 헤아리기는 어려운 시기입니다. 비고츠키는 그 이유를 아직 형성되지 않은 '초기 자아'에서 찾습니다. 초기

아(비고츠키는 '자아의 원형'이라는 의미에서 '원시적 자아'라고 했습니다)는
적 자아로, '내 속에 있는 나'의 아주 초기적 상태를 말합니다.

자기맥락적인 아이들은 '나'의 말과 행동을 외부자의 시선에서 바
라보지 못합니다. 지금 내가 보고 행동하고 말하는 것만 인식하죠. 그
렇기 때문에 무엇인가가 좋으면 표정으로 금방 드러나고 싫으면 싫
은 마음이 그대로 나타납니다. 이런 상태를 아동학에서는 어린이다운
직접성과 즉각성이라고 합니다. 속으로는 좋으면서도 싫다고 말하면
우리는 이 아이가 좋으면서 싫다고 말한다는 걸 알아챕니다. 아이는
두 마음, 두 생각을 갖기 어렵기 때문입니다.

그러나 7세의 위기를 지나면 아이들은 내적인 마음과 외적인 행
동을 분리할 수 있게 됩니다. 속으로는 좋지만 겉으로는 싫은 표정을
하며 화를 낼 수도 있고, 진짜 거짓말을 할 수도 있게 됩니다. 마음속
으로 다른 생각을 할 수 있다는 것은 나 자신과 대화할 수 있다는 의
미이고, 이는 메타 인지로 연결됩니다. 생각 중인 나를 보는 나, 마음
속으로 행동을 규제할 수 있는 나, 행동의 결과를 예측하고 그에 맞게
스스로를 통제할 수 있는 나는 메타 인지가 출현함으로써 가능해집
니다.

어떻게 자기맥락에서 벗어날 수 있을까?

자기맥락적이던 아이들은 어떻게 다른 사람의 생각, 감정, 마음을

읽을 수 있게 될까요? 무언가를 보면 만지려고 하던 아이들이 만지지 않고, 손잡이가 보이면 무조건 잡아당기고 열어 보려던 아이들이 위험하니까 열면 안 된다고 하고, 하고 싶은 말이 있어도 수업 시간에는 참고 견디는 것들을 어떻게 하게 될까요?

앞서 언급한 것처럼 초기 자아의 형성과 이에 기반을 둔 메타 인지의 발달로 가능해집니다. 초기 자아와 메타 인지는 7세쯤 발달하기 시작합니다. 말하기와 듣기가 호모사피엔스의 자연적 발달이라면 읽기와 쓰기는 문화적 발달입니다. 형식 교육이 시작되어 읽기와 쓰기를 배우는 7세 전후의 시기는 초기 자아가 출현하고 메타 인지가 발달하는 시기와 맞물립니다. 읽기와 쓰기 학습과 메타 인지 발달에 선후 관계가 있다기보다는 상보적인 관계라고 봅니다. 비고츠키는 학교에서의 학습을 통해 7세의 위기를 넘어서게 되고 초기 자아가 출현하며 이를 통해 메타 인지가 발달하게 된다고 말합니다.

흔히들 이야기하는 '자기 규제 능력'은 초기 자아가 형성된 7세 이후에 발달합니다. 단순히 어떤 유명 학습지를 푼다고 해서, 책상머리에 오랜 시간 앉아 있는다고 해서 생겨나지 않습니다. 타인, 즉 부모와 주변의 수많은 어른, 그리고 교사들과의 상호작용과 대화 속에서 '내 맥락'이 아닌 '타인의 맥락'을 이해하고 공감하면서, 더불어 나의 맥락도 타인에게 이해받고 공감받으면서 발달합니다. "수업 시간이니까 조용히 해"와 같은 단정적인 명령이 아니라 "왜 수업 시간에는 조용히 해야 할까?"와 같은 질문을 하고 답하는 대화적 상호작용을 일상적으로 경험하면서 자기 자신과도 동일한 방식으로 대화하게 되고 그 과정에서 스스로의 말과 행동을 규제할 수 있게 되는 것입니다. 그래서 우리는 아이들의 모든 말과 행동에는 이유가 있다는 점을 염두에 두고 대화를 시작해야 합니다.

자기맥락에서 벗어나 전체적인 맥락을 조망하고 이해하는 모든 인간의 메타 인지 작용은 인간 생활이 깃든 모든 곳에서 발달합니다.

자기맥락적인 아이들과 함께하는 신체 활동

1학년 신체 활동 시간을 떠올려 보세요. 앞에서도 언급했듯이 아이들은 줄을 반듯하게 서지 못합니다. "반듯하게 서세요", "똑바로 서세요"라고 하면 줄을 반듯하게 만드는 것이 아니라 자기 몸을 반듯하게 긴장시켜 서 있습니다. 잠깐 줄을 세워 놓아도 금방 흐트러지고 자기 세계에 빠져듭니다. 자기가 하고자 하는 행동이 우선이고 주위 환경은 고려 대상이 되지 못하기 때문에 부딪히거나 다치는 사고가 발생하기도 합니다. 그래서 교사에게 신체 활동 수업은 아이들이 다치지 않을까 부담스럽고, 사방팔방 뛰어다니는 아이들을 규제하기도 어려운 시간입니다.

하지만 자기맥락적인 아이들의 발달 특성을 이해하면 1학년 아이들과도 안전하게 신체 활동을 할 수 있습니다. 신체 활동은 자기맥락적 이해에서 벗어나 전체를 조망하고 자기 규제 능력이 발달하도록 돕는 데 무엇보다 중요한 교육 활동입니다. 스스로의 몸을 안전하게 규제하며 좁은 교실을 넘어 체육관으로, 운동장으로 내달리는 활동은 더할 나위 없이 좋은 메타 인지 발달의 발판이 됩니다.

'안전'하다는 것은 다치지 않음을 의미하지 않습니다. 다칠 수는 있지만 위험하지 않게 참여할 수 있는 환경과 조건을 만들어 가는 것이 중요합니다. 위험에 노출되지만 그 위험을 다룰 수 있도록 지원해야 합니다. 초등학교 1학년이지만 대근육을 의지대로 사용하거나 공, 막대, 원반과 같은 사물의 속성을 이해하고 다루는 것에 숙달되지 않은 아이들, 친구의 몸과 교류하기 위해서는 마음도 교류해야 함을 이해하지 못하는 아이들의 상태를 인정하고 하나씩 차근차근 도전하면 3월의 아이들은 온데간데없고, 완전히 달라진 아이들과 12월을 맞이하게 될 것입니다.

안전한 신체 활동을 위한 학급 운영 팁

우리 아이들은 이렇습니다

비고츠키의 발달론에 따르면 1학년 어린이들은 초기 자아 형성을 위해 달리고 있습니다. 나의 말과 행동에 대한 객관적인 시선이나 외부의 시선에 대한 인식이 없기 때문에 1학년 아이들의 말과 행동에는 의도가 없을 수 있습니다. 그래서 때로는 도무지 이해할 수 없는 말과 행동으로 어른의 화를 돋우기도 합니다.

그러나 1학년 교실에서의 학습을 통해 아이들의 발달은 질적 변화를 겪게 됩니다. 원시적인 내적 자아가 출현하면서 속마음과 겉으로 드러나는 행동이 분리되고, 타자의 시선을 인식하고, 스스로를 돌아보기도 합니다. 이렇게 발달의 다음 단계로 넘어가면 아이들은 '진짜 거짓말'을 할 수 있게 됩니다. 내적 자아가 형성되었다는 것은 앞으로 일어날 일을 예측하고 유불리에 따라 말과 행동을 다르게 할 수 있는 능력을 갖추게 되었다는 의미이기도 합니다.

같은 1학년 교실 안에 있지만 모든 아이의 발달 단계가 동일하지는 않습니다. 전 학령기에 머물러 있는 개똥이, 7세의 위기를 겪고 있는 소똥이, 7세의 위기를 넘어선 말똥이까지 모두 어우러져 지내는 곳이 교실입니다. 안전한 교실 활동 및 신체 활동을 진행하기 위해서 교사는 우리 반 아이들 각각의 발달 단계를 진단하는 것이 중요합니다.

누가 우리 반의 개똥이이고, 소똥이이고, 말똥이인지는 대부분 아이들의 말과 행동을 관찰하고 아이들과 대화를 나누면서 확인할 수 있습니다. 어제 있었던 의미 있는 활동을 기억해서 술술 말할 수 있는지, 어떤 사건이 발생했을 때 맥락에 맞게 상황을 설명할 수 있는지, 질문하는 상황과 맥락에 맞게 답을 할 수 있는지, 스무고개 같은 게임

초등 1학년 신체 활동의 모든 것

을 할 때 전략을 사용할 수 있는지 정도로도 진단이 가능합니다.

무엇보다 우리 반 개똥이를 찾아서 잘 살펴야 합니다. 줄을 설 때 자신의 자리를 찾지 못하거나 자기 차례가 되었는데 어떻게 해야 할지 모른다거나 놀이 규칙을 설명해 주어도 이해하기 어려워하는 아이들이 신체 활동에서 소외되지 않도록 해야 합니다.

그럼에도 불구하고 함께 어우러져 배웁니다

우리 반 개똥이, 소똥이, 말똥이 중 누구도 소외되지 않고 함께 어우러져 지내는 교실이 가장 안전한 교실입니다. 모두가 배울 수 있는 교실을 위한 몇 가지 팁을 소개하면 다음과 같습니다.

(1) 반복하기

동일하게 반복하지 않고 내용과 형식을 변주해 반복합니다. 내용을 바꿀 때에는 형식을 동일하게 하고, 형식을 바꿀 때에는 익숙한 내용으로 시작합니다.

체육관에서 달리기 활동을 하면 처음에는 그저 달리는 것만으로도 신이 납니다. 그러나 '달리기'라는 기본 움직임 기술(Fundamental Movement Skill)을 키우기 위해서는 무작정 달리기만 할 수는 없습니다. 이럴 때는 달리기의 형식은 동일하게 하되 내용에 변화를 줍니다. 처음에는 그냥 달리기, 두 번째는 공 던지고 달리기, 세 번째는 훌라후프 굴리고 달리기, 네 번째는 친구와 손잡고 달리기로 합니다. 동일한 달리기 연습이지만 다양한 물체를 사용해 지루하지 않게 합니다.

(2) 보편적 학습 설계 염두에 두기

우리 반 소똥이와 말똥이만 할 수 있는 활동이 아니라 개똥이도 즐겁게 참여 가능한 활동으로 구성합니다. 개똥이도 즐겁게 참여하려면 아주 단순한 활동에서부터 점차 복잡한 활동으로 구성하는 것이 중요합니다. 단순한 규칙에서 복잡한 규칙으로 쌓아 가는 과정 자체가 반복을 지루하지 않게 변주해 줍니다.

예를 들어 훌라후프를 통과하는 놀이를 할 때 처음에는 교사가 안전하게 잡고 있는 훌라후프를 통과하는 연습을 하고 그다음에는 훌라후프 2개를, 마지막 단계에서는 10개 넘게 세워져 있는 훌라후프를 통과하는 게임으로 이어 갑니다.

(3) 목적이 분명한 활동 구성하기

'얼음땡 놀이'를 한다고 할 때 이 놀이의 목적은 무엇일까요? 즐겁게, 안전하게 노는 데서 더 나아가 아이들의 전인적인 성장과 발달을 돕는 것이 목적이라면 '단순한 놀이'를 넘어서 '기본 움직임 기술' 신장을 염두에 두어야 합니다.

달리다 멈추기, 몸 조절하면서 반환점 돌기, 공 멀리 던지기와 같은 기능이 부족한 아이들이 그 기능을 향상시킬 수 있는 최적의 활동이 무엇인지 고민해서 수업을 준비해야 합니다.

(4) 모방하기

학습은 창조이지만 모방 없는 창조는 없습니다. 어떤 행동이나 말을 모방할 수 있는지는 아이들의 발달 단계를 진단하는 데 매우 중요한 지표입니다. 모방을 하지 못한다면 그 학생은 활동을 할 준비가 되어 있지 않다고 봅니다. 그래서 개똥이에게 말똥이나 소똥이가 하는 활동을 지켜보면서 준비할 기회를 주는 것이 필요합니다.

　교사가 시범을 보이면서 설명할 때 말똥이는 바로 이해할 수 있지만 개똥이는 한 번의 설명으로는 이해하지 못할 가능성이 큽니다. 교사의 설명을 듣고 말똥이가 활동을 수행하면 이를 보고 소똥이가 배우고, 말똥이와 소똥이가 하는 모습을 보면서 개똥이도 준비하게 됩니다.

(5) 단순하고 명확하게 안내하는 동시에 맥락 이해 돕기

1학년 아이들의 모든 학습 활동은 초기 자아 형성에서 메타 인지 발달을 향해 갑니다. '나는 지금 어디에서 무엇을 하고 있나'와 같은 현 상황에 대한 자기 인식에서 시작해 타자의 맥락을 이해하기까지 반복되는 연습을 통해 숙달해야 합니다.

　모든 규칙이나 방법은 단순하고 명확하게 안내하지만, 왜 그렇게 해야 하는지 맥락을 알려 주어야 합니다. 맥락을 설명하는 과정 속에서 전체를 조망하고 타자의 맥락을 헤아리는 법을 배우게 됩니다.

> "여기는 안전선이야. 대기하는 친구들은 안전선을 벗어나면 안 돼. 왜 안 될까?
> 다른 친구가 뛰어 들어오다가 대기하는 친구들과 부딪치거나 넘어질 수 있기 때문
> 이야. 안전선 밖에 있으면 위험할까? 위험하지 않을까?"

안전선이 무엇인지, 안전선이 왜 필요한지, 안전선 밖으로 나갔을 때 어떤 상황을 겪을 수 있는지 등에 관한 설명을 들으면서 '자기맥락적'으로만 행동하면 안 되는 이유들을 배웁니다.

(6) 타자의 맥락이 도입된 '사회화된 말' 연습시키기

모든 신체 활동 과정에는 갈등이나 안전사고가 동반됩니다. 그러나 위험에 대한 원천 봉쇄가 아이들의 발달을 오히려 방해하기도 합니다. 진정한 배움은 일상적인 위험 속에서 자연스럽게 터득하면서 일어납니다.

신이 나서 일어나 응원을 하다가 옆에 앉은 친구의 손을 밟았을 때 어떻게 해야 할까요?

> "미안해. 응원을 하다가 너무 흥분해서 네 손을 을 밟았어. 앞으로 조심할게."
> "나도 손을 바닥에 두면 안 됐어. 나도 조심할게."

신나게 놀다 보면 누구나 흥분하게 됩니다. 교사는 손을 바닥에 두면 옆 친구가 밟을 수도 있으니 항상 무릎 위에 두거나 박수를 치면서 응원하라고 가르칩니다. 더불어 응원할 때는 일어나서 하면 안 되고 응원석에 앉아서 무릎을 굽혀 세우는 정도로만 일어서서 하라고 안내합니다. 그럼에도 교사가 경기 중인 학생들에게 관심을 주다 보면 응원석에서 발생하는 일을 놓치기도 합니다. 그럴 때는 사회화된 어른의 말로 사과하도록 합니다. 아이들이 어른의 말로 하지 못한다면 교사가 한 구절씩 끊어서 말하고 따라 하게 합니다.

(7) 학급 규칙 함께 만들기

시기에 따라 학급 규칙은 달라질 수 있습니다. 3월의 1학년과 12월의 1학년은 매우 다릅니다. 초등학교에서 1학년은 열두 달 동안 변화의 폭이 가장 큰 학년이죠. 아이들의 말과 행동이 1학기와 2학기가 다르고, 3월과 6월이 다릅니다. 따라서 동일한 규칙을 고수하기보다는 점차 자유도를 높여 가는 방향으로 변화를 줄 필요가 있습니다.

1학기 초에는 교사에 의해 안내된 제한적인 활동이 중심이 된다면 시간이 지나면서 조금씩 자유도가 높은 활동으로 변화를 줍니다. 이 모든 과정은 학급의 문화가 됩니다. 누구도 소외되지 않는 교실, 모두가 참여하는 교실은 교사가 학생들과 함께 규칙을 만들어 가는 과정 속에서 만들어집니다. 교사만 바라보고 교사를 통해서만 배우는 교실이 아니라 서로가 서로를 보면서 배우는 교실이 가능해집니다.

(8) 놀이 양상 다르게 하기

아이들의 변화 폭이 큰 만큼 놀이도 단순 놀이에서 규칙 기반 놀이로, 혼자 하는 놀이에서 둘이서, 셋이서, 여럿이서 하는 놀이로 변화해 갑니다.

초기에는 규칙이 명확한 단순 놀이를 통해 서로를 알아 가는 과정을 거치고 1학기 말이 되면 사방치기 같은 좀 더 복잡한 규칙이 있는 놀이로 이행할 수 있도록 도움을 줍니다. 말을 던졌을 때 선에 닿으면 들어간 것으로 할지, 뛰다가 선을 밟으면 무조건 죽은 것으로 할지, 말을 집을 때 두 손을 바닥에 닿게 해도 될지 여부를 가지고 다양한 논쟁이 펼쳐집니다. 밟았는데 밟지 않았다고 우기는 사례도 있고요. 그 모든 과정이 배움입니다. 교사의 중재가 꼭 필요한 단계부터 중재 없이도 해결하는 단계에 이르기까지 아이들은 계속 배우며 성장합니다.

초등 1학년 신체 활동의 모든 것

2장

1학년 신체 활동 이렇게

1학년 신체 활동 수업이 어려운 이유

1학년 아이들과 함께 다양한 신체 활동이나 놀이에 도전하는 것에는 여러 위험 부담이 따릅니다. 교육 활동 중 아이가 다치거나 상해를 입어 학부모로부터 압박을 받은 경험이 있는 교사들은 더 위축되죠. 그런 심리적 위축은 '안전해 보이는' 활동 중심으로 이어집니다. 교사를 위한 안전 장치가 없는 상황에서 어쩌면 당연한 선택입니다. 어린이 놀이 전문가 편해문 선생님은 "위험이 없는 놀이터가 더 큰 위험을 낳는다"고 말했습니다. 위험도를 낮추기 위한 여러 제도가 오히려 위험을 사전에 인지하고 주의를 집중해 조절하는 능력의 발달을 지연시킨다는 것이죠.

3학년만 되어도 체육 시간에 교사의 지시에 따라 줄을 서고 준비 운동을 하고 활동에 필요한 물품을 가져오는 일이 어느 정도 가능하지만, 1학년은 마치 백지에 첫 그림을 그리듯 하나하나 가르쳐야 한다는 막막함이 있습니다. 자기맥락적이기 때문에 교사의 말에 집중하기보다는 자기 관심을 끄는 것에 더 몰두해 통솔하기도 어렵습니다. 사방팔방 뛰어다니는 아이들을 한 줄로 세우는 것조차 난감하기 이를 데가 없습니다. 교실에 앉아 있어도 아이들의 시선은 제각각입니다. 그런 낯선 경험을 한 교사들은 1학년 수업은 절대 하지 못하겠다고 말하기도 하죠. 자기 자리도, 자기 의자도 없는 체육관이나 운동장에서는 오죽할까요?

그러나 단순히 1학년 어린이들의 자기맥락적 특성 때문에 신체 활동 수업이 수월하지 않은 것만은 아닙니다. 저학년 신체 활동을 지원하는 시스템이 마련되지 못한 문제도 있습니다.

먼저, 담임교사 홀로 아이들을 지도해야 합니다. 초등학교 1학년 교사는 쉬는 시간에 화장실도 마음대로 가지 못합니다. 언제 어디서 사고가 발생할지 모르기 때문에 아이들이 하교하기 전까지는 긴장을 늦출 수가 없습니다. 신체 활동 수업을 위해 교사가 체육복을 갈아입을 시간도 없고, 미리 체육관이나 운동장에 가서 필요한 물품들을 준비해 놓을 시간도 없습니다. 등교에서부터 수업 시간, 쉬는 시간, 점심 시간, 그리고 하교까지 담임교사 혼자 오롯이 책임지면서 신체 활동을 많이 하라고 주문하는 것은 그들만의 이야기가 될 뿐입니다.

신체 활동 공간 역시 부족합니다. 초등학교에서 체육관이나 강당은 주로 고학년에 배정되는 것이 관례라 1학년은 차례가 돌아오지 않거나 격주에 한 번 정도 배정받습니다. 운동장은 미세먼지, 더위와 추위 등으로 사용하지 못하는 날들이 많을 뿐 아니라 체육관이나 강당보다 더 넓고 트여 있다 보니 아이들을 데리고 나가는 데 심리적 부담이 더 큽니다.

이 밖에도 1학년 아이들과 신체 활동을 하기 위해서는 그들의 주의를 끌고 집중시킬 방법을 찾아야 합니다. 자발적 주의 집중 능력이 발달 중인 1학년 아이들을 데리고 어떻게든 지속적인 반응과 참여를 유도해야 아이들이 무리에서 벗어나거나 활동에서 이탈하지 않습니다. 그 주의를 지속적으로 끌어내기 위해서는 어떻게 해야 할까요?

외적 규제에서 자기 규제로의 이행

1학년 아이들의 발달 특성을 알면 길이 보입니다. 교사들의 곤란함을 해소하는 동시에 위험 부담은 있지만 신체 활동을 안전하게 운영하는 몇 가지 팁을 정리하면 다음과 같습니다.

(1) 체육복 차림으로 출근하기

신체 활동이 있는 날에는 체육복 차림으로 출근합니다. 담임교사가 체육복을 갈아입을 시간이 없기 때문이기도 하고, 오늘은 신체 활동을 하는 날임을 사전에 암묵적으로 인지시켜 아이들이 기대를 갖게 할 수 있습니다. 또한 신체 활동을 할 때는 어떤 복장이 적당한지 모델링하는 효과도 있습니다. 특히 더운 여름에는 짧은 반바지보다 7부 이상의 가벼운 바지를 입음으로써 찰과상 방지 효과 또한 설명할 수 있습니다.

(2) 물품 미리 준비해 두기

신체 활동에 필요한 물품은 하루 일찍 혹은 아이들이 등교하기 전에 준비해 둡니다. 같은 학년끼리 함께 준비하거나 돌아가면서 준비하면 부담을 덜 수 있습니다. 그럴 여유가 없다면 아이들과 함께 체육관에 가서 같이 준비합니다. 체육 물품 창고를 아이들과 둘러보고 주로 사용하는 교구나 물품의 이름을 하나씩 배우는 것도 필요합니다.

(3) 협력 수업 진행하기

신체 활동 공간이 부족하다면 다른 반과 함께 협력 수업으로 진행하는 방법이 있습니다. 계획은 같이 세우지만 진행은 두 교사가 격주로 돌아가면서 하면 서로 보고 배울 수 있고, 부족한 신체 활동 공간을 두 배로 쓰는 것이 가능하다는 장점이 있습니다. 더불어 한 사람이 진행하는 동안 나머지 교사가 아이들을 돌볼 수 있어서 심리적 부담이 덜합니다. 특히 학급당 학생 수가 적은 경우에는 두 반이 함께하면 더욱 다양한 활동에 도전할 수 있습니다.

(4) 공간 서서히 넓혀 가기

교실에서 체육관, 운동장으로 공간을 확대합니다. 학교라는 공간이 아직 낯선 1학년 아이들은 먼저 교실에 익숙해져야 합니다. 교실에서의 규칙, 줄을 서는 순서와 방법, 다 함께 교실에서 나갈 때의 규칙, 특별실에서 교실로 돌아갈 때 지켜야 할 규칙, 신체 활동 후에 화장실에서 손을 씻고 교실로 가는 방법 등을 하나하나 가르칩니다. 모두가 질서 있게 한 줄로 서고 순서에 맞게 여러 활동에 참여하는 경험을 할 수 있게 합니다.

(5) 교실에서 시범 보이고 이동하기

새로운 활동을 도입할 때는 교실에서 먼저 연습하거나 설명한 후에 체육관 혹은 운동장으로 이동합니다. 교실은 멀티미디어를 활용해 설명하기 쉽고, 익숙한 공간이라 주의를 분산시키는 요소들이 적습니다. 따라서 교실에서 시범을 보여 이해시킨 다음 실제 활동을 하러 이동하는 것이 효과적입니다.

(6) 안전 수칙 항상 상기시키기

신체 활동에 필요한 안전 수칙은 수시로 상기시킵니다. 왜 걸을 때는 줄을 서서 앞을 보아야 하는지, 앞사람과 간격을 유지해야 하는지, 다른 사람을 밀치면 안 되는지 등을 설명하고 안내해야 합니다. 이동하기와 활동하기, 차례 기다리기는 모두 다르며, 자기 순서가 되었다고 흥분하다가 사고가 나기도 한다는 것에 관해 주의를 줍니다.

(7) 모든 학생이 전면을 볼 수 있게 하기

아이들은 세로로 한 줄로 앉으라고 하면 가로로 길게 앉으려고 합니다. 앞에서 활동하는 친구들을 보고 싶어서죠. 따라서 모든 학생이 전면을 볼 수 있도록 자리를 배치합니다. 친구들의 활동을 보면서 익숙하지 않았던 놀이 규칙이나 게임 방법을 익힐 수 있어 도움이 됩니다.

(8) 모두에게 참여의 기회 주기

특별히 나서지 않아도 차례에 따라 모두에게 기회가 온다는 점을 인지하면 아이들은 욕구를 지연시키며 기다릴 수 있습니다. 초기에는 모두 돌아가면서 할 것이라는 사실을 분명하게 여러 번 알려 주어야 합니다. 그런 경험이 쌓이면 교사가 강조하지 않아도 아이들은 암묵적으로 이해하고 기대합니다. 잘하거나 못하는 아이들에게 편향되지 않게 합니다. 누구에게나 기회를 주는 것이 결과에 대한 평가보다 우선입니다.

여덟 가지 기본 원칙은 한마디로 외적 규제에서 자기 규제로의 이행입니다. 외적 규제란 교사의 지시, 출발점이나 도착점 표시, 경로 안내와 같은 외적 자극에 의한 행동 규제입니다. 자기 규제는 외적 규제를 통한 반복적인 활동과 연습으로 자신을 규제하게 되는 단계입니다. 외적 규제는 강제가 아닌 활동을 즐겁게 하기 위해서 해야 하는 기본 규칙입니다.

교사가 체육복을 입고 오는 외적 행동이 아이들에게 내적 규제가 됩니다. 익숙하고 안전한 교실에서 명시적으로 학습한 놀이의 규칙을 체육관에서 실행하면서 스스로 내면화합니다. 이와 관련해 비고츠키는 모든 장면은 무대 위에서(외적, 사회적) 한 번, 마음속에서(내적, 심리적) 한 번 나타난다고 표현한 바 있습니다. 모든 인간의 학습은 사회적으로, 겉으로 드러나는 말과 행동으로 시작하고, 심리적으로 숙달하는 내면화로 연결되어야 합니다.

기본 움직임에 기반을 둔 신체 활동 구성

2022 개정 교육과정의 가장 큰 특징 가운데 하나가 '신체 활동 강화'입니다. 요즘 아이들의 신체 운동 기능 저하, 스크린 타임 증가, 부족한 신체 활동 시간 등 여러 맥락적인 이유로 교육과정 개정 작업 초기부터 신체 활동에 대한 요구가 전면화되었습니다. 기존의 놀이 중심 신체 활동을 넘어서야 한다는 요구부터 체육 교과 독립에 대한 논의까지 여러 논란이 있었지만, 『즐거운 생활』교과 속에 주 2회 이상 신체 활동을 배치하는 것으로 정리되었습니다.

그러나 2024년 국가교육위원회는 『즐거운 생활』에서 신체 활동을 분리해 독립 교과화하는 개정안을 의결했고 2025년 현재 개정 관련 연구가 진행 중입니다. 조녀선 하이트가 『불안 세대』를 통해 호소한 '현실 세계에서의 과잉보호와 가상 세계에서의 과소보호', '위험을 다루는 기술과 기획되지 않은 놀이의 중요성' 등을 숙고할 때이기도 합니다.

인간이라는 존재의 물적 토대는 몸입니다. 몸을 움직여 무언가를 창조합니다. 헝가리 출신의 무용가 루돌프 라반(Rudolf Laban)은 몸의 움직임을 신체 인식(Body Awareness), 공간 인식(Space Awareness), 질적 요소 인식(Effort Awareness), 관계 인식(Relationship Awareness) 등 네 가지 요소로 정리했습니다.

라반의 기본 움직임 요소

신체 인식: 자신의 몸을 이해하고 움직임을 조절하는 능력
- 신체 부위 인식: 팔, 다리, 머리 등 신체 각 부분의 움직임 인지 및 사용
- 신체 모양 인식: 구부리기, 펴기, 꼬기, 균형 유지 등 다양하게 취한 신체 자세 및 모양 인식
- 신체 움직임 인식: 걷기와 뛰기, 구르기와 같은 움직임 인식

공간 인식: 자신의 움직임이 공간에서 어떻게 이루어지는지를 이해하고 활용하는 능력
- 위치 인식: 공간 내에서의 위치(가까이, 멀리 등)와 **방향**(앞, 뒤, 옆 등) 인식
- 높이 인식: 높은 수준(뛰어넘기, 점프하기), 중간 수준(걷기, 달리기), 낮은 수준(기어가기, 구르기) 인식

　　　　　　　　　　초등 1학년 신체 활동의 모든 것

- 경로 인식: 직선, 곡선, 지그재그 등 움직임의 경로 인식
- 범위 인식: 움직임의 크기와 공간의 사용 범위 인식

질적 요소 인식: 움직임의 질(힘의 강도, 시간과 속도, 흐름의 변화)을 인식하고 힘에 대해 자각하는 능력
- 힘 인식: 강한 움직임, 약한 움직임 등 힘의 강도 인식
- 시간 인식: 빠른 움직임에서 느린 움직임까지의 속도 인식
- 흐름 인식: 자유로운 움직임(유동적)에서 통제된 움직임(멈출 수 있는)까지 움직임의 연속성 인식

관계 인식: 나와 다른 사람, 나와 사물 또는 나와 환경과의 관계를 인식하고 이해하는 능력
- 사람 간 관계 인식: 협력, 경쟁, 집단 내에서의 움직임 인식
- 사물과의 관계 인식: 공, 줄, 기구와 같은 도구를 사용했을 때 나타나는 움직임 인식
- 환경과의 관계 인식: 장애물이나 공간의 특성과 같은 주변 환경을 활용한 움직임 인식

조금 복잡하고 어려워 보일지 모르지만 인간의 움직임에 대한 기본 요소를 잘 정리해 놓은 연구입니다. 1학년 아이들의 신체 인식 수

준, 공간 인식 수준, 질적 요소 인식 수준, 관계 인식 수준을 평가해 본다면 어떨까요?

지우개로 글씨를 지우다가 힘 조절을 하지 못해 종이를 찢어지게 하는 아이는 힘 인식과 사물과의 관계 인식에 아직 익숙하지 않은 상태입니다. 장애물 달리기에서 속도를 조절하지 못하거나 반환점을 돌 때 속도를 줄이며 회전 반경을 최소화하는 기술이 발달하지 않은 아이들은 신체 움직임 인식, 위치 인식, 경로 인식, 힘 인식 등이 숙달되지 않았기 때문입니다. 대부분의 초등학교 1학년 아이들이 그런 상태라고 보면 됩니다. 우리는 신체 활동을 통해 그러한 움직임 요소를 기를 수 있도록 도와야 합니다. 기본 움직임 요소에 익숙해질 수 있는 놀이나 게임을 구상하기 위해서도 각 요소에 대한 이해가 필요합니다.

기본 움직임 기술은 움직임 요소를 기반으로 실제 수행되는 특정 움직임 기술을 정리한 것입니다. 기본 움직임 요소가 움직임의 질적인 측면들에 관한 분석이라면 기본 움직임 기술은 구체적인 움직임 수행 능력을 향상시키기 위한 기술의 목록이라고 보면 됩니다.

초등학교에서 기본 움직임 기술은, 이동 움직임 기술(Locomotor Skills), 비이동 움직임 기술(Non-Locomotor Skills), 조작 움직임 기술(Manipulative Skills) 등 세 가지 범주로 정의됩니다.

이동 움직임 기술: 공간 안에서 몸을 이동하기 위한 동작으로, 이동하면서도 균형과 조화를 유지할 수 있는 기술

- 걷기, 달리기, 뛰어오르기, 건너뛰기, 번갈아 뛰기, 말 뛰기, 미끄러지기, 기기, 기어가기, 오르기 등

비이동 움직임 기술: 몸이 이동하지 않는 상태에서 이루어지는 움직임으로, 균형 유지와 유연성 강조

- 구부리기, 뻗기, 비틀기, 흔들기, 회전하기, 몸 늘리기, 멈추기, 떨기 , 떨어지기, 앉기, 구르기, 균형 잡기 등

조작 움직임 기술: 공이나 채 같은 다양한 도구를 다루거나 제어하는 기술로, 신체 각 부분의 협응 능력 필요

- 던지기, 받기, 차기, 치기, 굴리기, 돌리기, 막기, 던지고 받기, 감기, 흔들기 등

1~2학년 신체 활동에 담긴 기본 움직임

2022 개정 체육과 교육과정은 '몸의 움직임'을 체육 교육의 핵심 내용으로 보고, 움직임 수행 역량 증진을 체육 교육의 본질로 규정하

고 있습니다. 2022 개정 교육과정에서도 기본 움직임 요소를 기반으로 신체 활동을 구성했다고 밝히고 있습니다.[*]

놀이 수업 묶음은 『즐거운 생활』 성취 기준을 이수할 수 있는 수업들입니다.

- 놀이 수업은 한 단원별로 최소 8시간 운영을 권장합니다.
- 놀이 수업 묶음에서 수업을 골라 그 수업을 각각 1~2시간 이상 운영하여 총 8시간 수업을 할 수 있습니다.
- 주제 수업 묶음에서 주제 관련 수업을 골라서 진행하다가, 교사가 필요하다고 생각하거나 학생이 원하면 놀이 수업 묶음에서 수업을 고를 수 있습니다.
- '함께 만들어요'에서 놀이 수업을 만들어서 추가할 수 있습니다. [놀이 수업 만들기]는 '한 번 더 하기, 놀이 방법 바꾸어서 하기, 놀이 만들거나 배워서 하기' 등 다양하게 만들어서 사용할 수 있습니다.
- 놀이 수업에서는 학생들이 재미있게 놀이를 즐기고 신체의 기본 움직임 요소를 균형 있게 경험하면서 신체를 강화할 수 있도록 단원별로 여덟 개 수업을 개발하여 제시했습니다. 초등학교 1~2학년 학생에게 필수인 신체의 기본 움직임 요소 여덟 가지를 선정하여 균형 있게 구성하여 배치했습니다.

단원별 최소 8시간 이상 놀이 수업을 운영하되 수업 활동은 교사

---

[*] 교육부, 『초등학교 교사용 지도서: 바른 생활, 슬기로운 생활, 즐거운 생활 1-1』, 지학사, 2024, 27쪽

가 상황에 맞게 구성할 수 있다고 안내합니다. 더불어 여덟 가지 기본 움직임 요소를 선정하고 그에 맞는 수업 활동을 제시했습니다. 1~2학기 지도서에 제시된 단원별 놀이 활동은 〈표 2-1〉, 〈표 2-2〉와 같습니다.

　1~2학년 『즐거운 생활』에서 제시하는 여덟 가지 기본 움직임 요소를 기본 움직임 기술로 분류하면 〈표 2-3〉과 같습니다. 각 기본 움직임 요소를 어떤 기준으로 선정했는지, 어느 정도의 수행 능력을 요구하는지 등에 대한 설명이 없어 자의적으로 분류했습니다. 하나의 놀이 활동이 하나의 움직임 기술로만 완성되지는 않는다는 점에서 놀이 활동을 중심에 두고 어떤 기본 움직임 기술을 사용해야 하는지, 주로 집중해야 할 요소는 무엇인지를 안내하는 방식으로 기술할 필요가 있어 보입니다. 단원별, 놀이별 지도서의 기술 내용도 마찬가지입니다. 기본 움직임 기술에 대한 설명은 없고 놀이 방법만 설명되어 있습니다. 기본 움직임 기술을 바탕으로 아이들의 신체 활동이나 놀이를 구성하는 것은 교사들에게 수업 구성에 더 높은 자유도를 줍니다. 제시된 놀이 규칙에서 더하거나 뺄 것이 무엇인지에 관한 기준을 보다 분명하게 제시해 주기 때문입니다.

　이어지는 3장부터 10장까지에서는 1학년 『즐거운 생활』의 각 단원에 제시된 놀이 활동을 분석하고 교실과 체육관에서 더욱 안전하게, 기본 움직임 기술에 충실하게 활용할 수 있도록 재구성된 놀이 활

표 2-1 · 1학기 단원별 놀이 수업과 기본 움직임 요소

교과서 단원	기본 움직임 요소							
	기본 동작/모이기	몸풀기	도구 활용	밀기/당기기/균형 잡기	매달리기	걷기/달리기	높이뛰기/멀리뛰기	던지기/차기/치기
학교 1-1	나란히 놀이	따라 하기 놀이	훌라후프 놀이	짝 체조 놀이/균형 잡기 놀이		한 발 술래잡기/얼음땡 놀이	열 발 뛰기 놀이	
사람들 1-1	잡기 놀이/가위바위보 뛰기 놀이		풍선 놀이	징검다리 놀이/줄 놀이		그물 놀이/팔자 놀이	뜀뛰기 놀이	
우리나라 1-1	보물 친구 찾기	거울 놀이	딱지치기/판 뒤집기	씨름/비사치기		수건돌리기/꼬리 따기		
탐험 1-1		장애물 통과하기		콩 주머니 던지기		여러 가지 방법으로 걷기/콩 주머니 모으기/길 따라 달리기	다리 만들기	공 던지고 받기/원반 던지기
나 2-1	모두 모여라		기차 공놀이	몸 따로 마음 따로	원숭이 놀이	왕 걸음 놀이/번개 달리기	개구리 뛰기	풍선 치기 놀이
자연 2-1	공 전달하기 놀이	과일 바구니 놀이		그대로 멈춰라/술래가 흔들흔들		낙하산 놀이/태풍 놀이	동물 흉내 내며 뛰기	공 던지기 놀이
마을 2-1		과일 술래잡기		배달 놀이/줄다리기		이어달리기	줄넘기/길 만들기 놀이	공차기 놀이/공치기 놀이
세계 2-1	어서 모여라	길게 한 걸음	줄 뛰어넘기 놀이		보물찾기	다 같이 한 걸음/길 따라 세계로/손에 손잡고		부메랑 놀이

• 교육부, 『초등학교 교사용 지도서: 바른 생활, 슬기로운 생활, 즐거운 생활 1-1』, 지학사, 2024, 27쪽

초등 1학년 신체 활동의 모든 것

표 2-2 · **2학기 단원별 놀이 수업과 기본 움직임 요소**

교과서 단원	기본 움직임 요소							
	기본 동작/ 모이기	몸풀기	도구 활용	밀기/ 당기기/ 균형 잡기	매달리기	걷기/ 달리기	높이뛰기/ 멀리뛰기	던지기/ 차기/치기
하루 1-2	비빔밥 놀이	온몸 가위바위보	큰 공 놀이	한 발로 통통통/ 애벌레 놀이		밤나무 놀이/ 고양이와 쥐 달리기	리듬 뛰기	
약속 1-2		짝꿍 주사위/ 이랑 타기	집 지키기			빈집 찾기/ 맞추기 달리기	숫자 뛰기/ 허수아비 놀이	콩 주머니 던지기
상상 1-2		합체 놀이		균형 잡기/ 마법사 놀이		임금님 모시기 놀이/ 우리가 만드는 달리기/ 동물 달리기/ 가위바위보 술래잡기		컵 쌓기
이야기 1-2		림보	공 들고 이동하기	손 씨름/ 중심 잡기		선 따라 걷기/ 기차 놀이/ 상어 술래잡기		볼링
계절 2-2		신나게 폴짝폴짝	스펀지 막대 놀이	밀어라 당겨라/ 콩 주머니로 놀아요		막대를 지켜라/ 색깔 술래잡기	하늘 위로 뛰기	공이랑 놀아요
인물 2-2		성장 체조	제기 놀이	밀고 당기기/ 사방치기		강강술래 놀이/ 리듬 걷기/ 진 지키기	멀리 멀리 이어 뛰기	
물건 2-2		징검다리 건너기	훌라후프 이어달리기	고무줄로 컵 쌓기		풍차 이어달리기/ 피라미드 달리기/ 한 줄 진 뺏기		동그라미 대장공/ 다시 살아나는 공놀이
기억 2-2		달걀프라이 놀이	지키기 놀이	이어 구르기		주사위 달리기	고무줄 높이뛰기	색깔 주사위 놀이/ 투호 놀이/ 풍선 띄우기 놀이

• 교육부, 『초등학교 교사용 지도서: 바른 생활, 슬기로운 생활, 즐거운 생활 1-2』, 지학사, 2024, 27쪽

표 2-3 · **1~2학년 교육과정에 제시된 기본 움직임 요소의 분류**

기본 움직임 기술	교육과정에 제시된 기본 움직임 요소
이동 움직임 기술	걷기/달리기, 높이뛰기/멀리뛰기
비이동 움직임 기술	기본 동작/모이기, 몸풀기, 밀기/당기기/균형 잡기, 매달리기
조작 움직임 기술	도구 활용, 던지기/차기/치기

동을 제안하고자 합니다. 교과서와 지도서에 제시된 어려움과 부담이 따르는 활동을 단순하면서도 기본 움직임 기술 활용에는 무리가 없는 방식으로 재구성했습니다. 이와 함께 1학년 발달 특성에 맞지 않거나 학교의 여러 환경을 고려하지 못한 부분에 대한 문제점도 함께 짚어 봅니다.

3장

「학교」에서의 신체 활동

'우리는 누구로 살아갈까' 영역에서 '우리는 내가 누구인지 생각하며 생활한다'는 핵심 아이디어에 기반을 둔 단원입니다. 학교생활 습관과 학습 습관을 형성하고(2바01-01), 학교 안팎의 모습과 생활을 탐색하고(2슬01-01), 즐겁게 놀이하며, 건강하고 안전하게 생활하는(2즐01-01) 내용 등으로 구성되어 있습니다. 한마디로 입학 적응기 교육에 관한 내용입니다.

「학교」 단원의 모든 활동은 교실에서 시작하는 것이 좋습니다. 우리 교실, 나와 친구들, 교실 안 내 자리, 교실에서 학교 식당, 교실에서 보건실, 교실에서 운동장, 체육관까지 조금씩 확장해 가는 활동입니다.

나란히 놀이

기본 움직임 요소	기본 동작/모이기
기본 움직임 기술	비이동 움직임
교과서 내용	• 위치가 표시된 원마커에 한 줄로 서기 • 앞으로 나란히, 옆으로 나란히 간격 맞추기 • 음악에 맞춰 춤을 추다가 지시에 따라 교사 앞에 나란히 줄 서기
특징	• 모든 교육 활동에 기본이 되는 줄 서기 • 3월에 집중적으로 연습해 숙달해야 하는 기능

재구성	• 한 줄 서기: 교실 공간 배치를 활용한 자연스러운 줄 서기 활동 • 걷기와 뛰기: 한 줄 서기로 속도와 방향에 변화를 주면서 걷거나 뛰기 • 두 줄 서기: 한 줄에서 두 줄, 두 줄에서 한 줄로 이동해 움직이기
재구성 활동 준비물	• 호루라기 또는 소고
주의점	• 한 줄로 바르게 서기가 어려운 시기이므로 주변의 지형지물(벽, 책상, 바닥의 줄 표시 등)을 활용해 지도하기 • 나란히 줄을 서서 걷기만 하면 지루해할 수 있으므로 속도나 방향 등에 변화를 주어 집중도 유지하기 • 자폐스펙트럼장애를 가진 학생은 소리에 민감할 수 있으므로 호루라기보다는 주파수가 낮은 소고를 사용해 자극 낮추기

교과서에서는 체육관 장면을 예시로 들었지만 교실에서 줄을 서서 학교 식당, 체육관, 도서관 등으로 이동하는 활동이 먼저 필요합니다. 그렇기에 교실에서 줄 서기 활동을 어떻게 지도할지가 우선입니다. 1학년 아이들의 발달 특성상 체육관처럼 넓은 공간에 한 줄로 나란히 서기는 지속적인 연습 없이 매우 어렵습니다. 좁은 교실에서 줄 서기 연습을 반복하는 것도 지루합니다. 따라서 자연스러운, 필요에 따른 연습이 중요합니다.

1) 한 줄 서기

3월 교실의 책상 배치를 〈그림 3-1〉과 같이 하면 공간을 활용한 줄 서기가 가능합니다. ㄷ자형 책상 배치로 친구들과 서로 바라보게

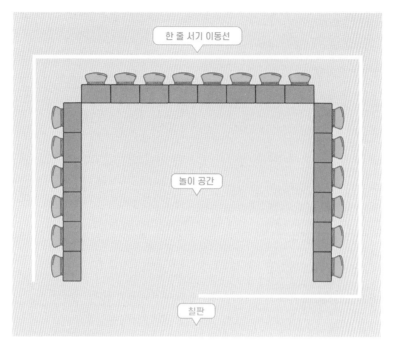

그림 3-1 · ㄷ자형 책상 배치

되고, 교실 가운데(마당)는 놀이 공간으로 활용할 수 있죠. 책상 뒤의 공간은 이동 통로입니다. 앉는 순서는 편의상 출석 번호대로 오른쪽 앞에서부터 시계 반대 방향으로 앉게 합니다.

점심 시간에 학교 식당으로 이동할 때 제자리에서 일어나 물통을 준비해 의자 뒤에 섭니다. 그다음, 맨 앞자리에 있는 1번부터 교사를 따라서 나오게 하면 저절로 한 줄이 만들어집니다. 그대로 앞사람을 따라 이동합니다.

3월 한 주 동안 매일 점심 시간마다 이렇게 이동하면 자연스럽게 줄 서는 법을 배우게 됩니다. 바로 옆에 앉는 친구가 내 앞에 서기 때문에 자기 자리를 찾는 것도 어렵지 않습니다. 일주일을 매일같이 연습하며 교실 이동을 했는데도 자기 순서를 모르는 아이가 있다면 발달 지연을 의심해 볼 수 있습니다. 그런 아이가 특정되면 집중적으로 관찰하고 도움을 줘야 합니다.

2) 걷기와 뛰기

교실에서 줄을 서는 것에 어느 정도 익숙해지면 이제 넓은 장소로 확장합니다. 체육관으로 이동하는 과정은 어렵지 않습니다. 앞을 잘 보고 간격이 지나치게 벌어지지 않게, 너무 소란스럽지 않게 이동하도록 주의를 주면 됩니다. 체육관에 도착하면 준비운동을 합니다. 기본은 간격을 유지하며 줄 서서 걷기로 시작합니다.

① 체육관에 도착하면 교사의 호루라기 리듬에 맞추어 체육관 바닥의 선을 따라 걷는다.

② 아이들이 정렬하며 따라오면 호루라기의 리듬 속도를 바꾼다.

③ 빠르게 걷다가 천천히 걷기, 빠르게 달리기 등으로 속도에 변화를 준다.

④ 초기에는 큰 사각형 선을 따라 걷다가 다른 선을 활용에 ㄹ자 모양으로 꺾

는 등 걷기 형식에 변화를 준다.

⑤ 간혹 긴장으로 다리가 풀려 넘어지는 아이들도 있으므로 초기에는 빠르게 달리는 시간을 짧게 하고 앞사람과의 간격 유지를 강조한다. 앞사람과의 간격 유지가 되었는지 확인한 후에 뛰기 시작한다.

체육관에서의 첫 몸풀기 활동은 선을 따라 속도와 방향에 변화를 주며 걷고 뛰는 활동으로 시작하게 됩니다. 그런 다음에 교과서

그림 3-2 · **선 따라 걷기**

에 제시된 놀이 활동을 할 수 있습니다. 예상하지 못한 변화에 몸을 맡기며 달리는 활동에 아이들 모두 기대감을 갖고 체육관에 오게 됩니다.

3) 두 줄 서기

체육관에서 줄을 설 때는 맨 앞에 서는 아이들에게만 위치를 지정해 줍니다. 두 줄로 서서 준비운동을 하기에 적당한 표시를 기준점으

그림 3-3 · **선 따라 두 줄 서기**

로 합니다. 그런 표시가 없다면 원마커를 사용합니다. 나머지 아이들은 맨 앞에 선 친구를 따라 한 줄로 서게 합니다.

　준비운동을 하던 줄 그대로 선을 따라 선 후 제자리에 멈춥니다. 그다음 여학생들만 옆에 있는 선으로 빠지게 하면 자연스럽게 두 줄 서기가 됩니다. 이 상태에서 앞으로 나란히, 옆으로 나란히 간격을 맞추고 가벼운 스트레칭을 합니다.

따라 하기 놀이 😄

기본 움직임 요소	몸풀기
기본 움직임 기술	비이동 움직임
교과서 내용	• 오리, 코끼리, 원숭이, 홍학, 토끼, 펭귄 등 동물 모습 흉내 내기 • 목, 어깨, 손목, 팔, 허리, 다리, 발목 풀기
특징	• 모든 신체 활동에 기본이 되는 몸풀기 운동 • 3월에 집중적으로 연습해 숙달해야 하는 기능
재구성	• 몸 살피기: 우리 몸의 관절 찾아보기 • 동물 흉내 내기: 다양한 이동, 비이동 움직임 익히기 • 동물 꽃이 피었습니다: 동물 흉내 내며 놀이 하기
재구성 활동 준비물	• 교실: 교과서, 화면 • 체육관: 호루라기 또는 소고
주의점	• 관절의 각 부위를 움직일 때 무리하지 않도록 안내하기 • 몸 살피기나 동물 흉내 내기는 교실에서 연습한 후 체육관으로 이동하기 • 동물 꽃이 피었습니다를 할 때 제대로 흉내 내지 못한 학생들은 교사 옆에서 벽에 등을 대고 정면을 보게 해 놀이 참관할 수 있게 하기

1) 몸 살피기

교과서에 제시된 활동은 동물 흉내를 내며 몸풀기 활동을 하고, 준비운동으로 스트레칭을 하는 것입니다. 우리 몸의 관절 인식하기는 라반의 기본 움직임 요소 중 신체 인식에 해당합니다. 목, 어깨, 손목, 팔, 허리, 고관절, 무릎, 발목, 손가락, 발가락 등을 얼마나, 어디까지 움직일 수 있는지 살피는 행위는 신체 인식에 도움이 됩니다. 교실에서 우리 몸을 구성하는 관절에 대해 알아보고 꺾고 돌리고 움직이는 연습을 하는 것만으로도 충분합니다.

2) 동물 흉내 내기

몸 살피기를 마친 후에는 동물 흉내 내기 활동을 합니다. 오리와 코끼리 등을 흉내 내며 통증이 있는 부분을 찾아봅니다. 학생 수가 많아 모든 학생이 한꺼번에 연습하기 어렵다면 절반은 자기 자리에서, 절반은 교실 가운데 공간에서 연습하게 합니다.

3) 동물 꽃이 피었습니다

'몸 살피기'와 '동물 흉내 내기' 연습을 마쳤다면 체육관이나 운동장으로 이동한 후 '동물 꽃이 피었습니다' 놀이를 합니다.

① 아이들을 안전선 안쪽에 옆으로 나란히 간격을 두고 서게 한다(학생 수가 스물네 명 이상이라면 인원을 반으로 나누어 반은 자리에서 친구들이 하는 모습을 보며 대기하게 한다).
② 교사는 호루라기를 들고 체육관 뒤쪽 벽에 자리 잡는다.

③ 교사가 "오리 꽃이 피었습니다"라고 외치면 아이들은 오리 흉내를 낸다.

④ 동물을 바꾸어 가며 활동하고, 제대로 흉내 내지 못한 아이는 교사 옆쪽 벽에 등을 대고 나란히 서서 잘못 흉내 낸 친구를 찾는다(손가락을 걸지 않아도 활동에 문제가 없다).

⑤ 살아 있는 학생이 교사를 터치하면 아이들은 안전선 안쪽으로 달려간다. 놀이 방법에 익숙해질 때까지 교사가 계속해서 술래를 맡는다.

아이들을 안전선 안쪽에 옆으로 나란히 서게 하는 이유는 부딪치지 않으면서 활동할 수 있는 움직임의 반경(공간 인식)을 이해시키기 위함입니다. 충분히 활동할 수 있는 공간을 확보하기 위해 절반은 대기하고 절반은 놀이에 참여하게 합니다. 대기하는 학생들은 무대 위와 같은 별도의 장소에서 기다릴 수 있고 안전 관리를 위해 교사가 서 있는 벽의 한쪽에 등을 대고 서서 놀이를 관찰하게 할 수도 있습니다. 교사와 학생과의 간격이 멀어질수록 아이들의 활동 자유도는 높아지고 시선을 끄는 것들은 늘어나게 되므로 교사 가까이에서 대기하도록 해야 합니다.

교과서에 제시된 놀이의 목적은 몸풀기입니다. 뻗기, 구부리기, 흔들기, 늘리기, 떨기 같은 비이동 움직임 기술이 주가 되는 활동입니다. 여기에 놀이 요소를 넣기 위해 '무궁화꽃이 피었습니다'를 차용했습니다. 이 놀이의 재미에 한번 빠지면 아이들은 계속하고 싶다고 노

래를 부릅니다. 호랑이, 타조, 거북 등 다른 동물도 추가해 놀이를 확
장할 수 있습니다.

훌라후프 놀이

기본 움직임 요소	도구 활용
기본 움직임 기술	이동 움직임, 조작 움직임
교과서 내용	• 훌라후프 옮기기 • 훌라후프 돌리기 • 훌라후프 터널 통과하기
특징	• 1학년 학생들에게도 익숙한 도구인 훌라후프를 활용한 놀이 • 개별 놀이 활동에서 협력이 기본인 놀이로 넘어가는 단계
재구성	• 훌라후프 굴리고 달리기: 훌라후프를 세워 굴린 후 달려가 잡고 달리기 • 훌라후프 통과하기: 달리다가 교사가 들고 있는 훌라후프 통과하기 • 훌라후프 터널 통과하기: 여러 개의 훌라후프 터널 통과하며 달리기
재구성 활동 준비물	• 호루라기 또는 소고, 훌라후프(한 사람당 1개), 반환점 표시용 고깔, 출발점 표시용 원마커
주의점	• 훌라후프의 크기나 무게가 다양하므로 1학년 체격에 맞는 훌라후프 선택하기 • 훌라후프 터널 통과하기를 할 때 훌라후프를 잡는 학생들이 놀이 진행 상황을 볼 수 있도록 가로로 길게 터널 만들기

교과서에서는 훌라후프 돌리기, 친구들과 협동해 훌라후프를 손으로 만지지 않으면서 옮기기를 기본 활동으로 제시하고 있습니다. 재미있지만 어렵지 않게 할 수 있는 활동이라 여기에서는 생략했고, 추가 활동으로 제시된 '훌라후프 터널 통과하기'를 한 차시 안에 완성할 수 있는 단계적 활동으로 재구성해 보았습니다.

앞선 나란히 놀이나 따라 하기 놀이는 일부 경쟁 요소는 있지만

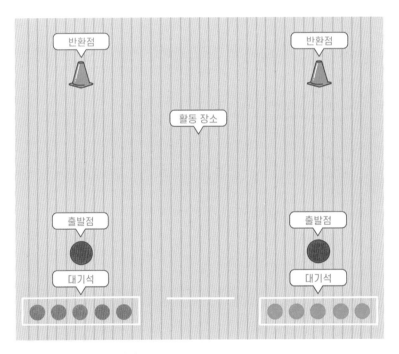

그림 3-4 · **경쟁 활동 기본 배치**

팀이 협력해서 하는 활동이라기보다는 개인 활동의 측면이 강합니다. 3주 차부터는 팀별 활동이 가능해지는 시기이므로 팀으로 나누어 경쟁하는 활동을 도입할 수 있습니다. 경쟁 활동을 할 때 기본적인 배치는 대기석, 출발점, 활동 장소, 반환점으로 구성됩니다.

활동 대기석에서 아이들은 가로로 앉아 모두 활동 장소를 바라볼 수 있게 합니다. 그래야 모든 아이가 경기에 집중할 수 있습니다. 세로로 앉게 하면 경기를 보고 싶어 옆으로 이탈하게 됩니다. 순서대로 앉아 있다가 자기 차례가 되면 출발선에서 준비하도록 합니다.

두 줄로 서서 준비운동을 한 후 남학생들이 먼저 교사를 따라 활동 장소에 들어가 대기선에 맞춰 자리에 앉고, 이어 여학생들도 교사를 따라 활동 장소에 들어간 다음 앉아서 대기합니다. 1학년은 남녀 학생 간 신체 활동 능력에 큰 차이가 없기 때문에 남녀 팀으로 경쟁 활동을 운영해도 무리가 없습니다.

1) 훌라후프 굴리고 달리기

훌라후프 굴리기는 사물과의 관계 인식, 조작 움직임 기술을 활용하는 것으로 훌라후프가 원형으로 굴러가는 속성이 있음을 알려 주는 활동입니다. 남녀 각 팀의 선수가 나와 출발점에서 훌라후프를 굴린 후 뛰어가 훌라후프를 잡고 반환점을 돌아와 다음 선수에게 전달합니다. 릴레이 형식으로 진행되어 자기 순서에 맞게 대기하도록 교

사가 지도합니다. 별도의 사인 없이 훌라후프를 전달하는 방식으로
선수를 교체합니다.

2) 훌라후프 통과하기

훌라후프 통과하기는 훌라후프라는 둥근 테를 통과하는 활동입니
다. 달리다가 훌라후프를 통과하기 위해 속도를 제어하고, 통과한 다
음에는 다시 속도를 높여 달리다가, 반환점을 돌기 위해 속도를 제어
하고, 다시 속도를 높여 달린 후 다음 선수와 교체하기 위해 속도를
줄여야 하는 복합적인 움직임 기술이 필요한 놀이입니다. 아이들이

그림 3-5 · **훌라후프 터널 통과하기**

안심하고 통과할 수 있도록 교사가 활동 장소에서 훌라후프를 안정적으로 들고 서 있어야 합니다. 릴레이로 진행하며, 손으로 다음 사람을 터치하는 방식으로 선수를 교체합니다.

3) 훌라후프 터널 통과하기

훌라후프 터널 통과하기는 아이들이 훌라후프 터널을 만들어 하는 활동입니다. 이때 주의할 점은 두 가지입니다. 먼저, 훌라후프 통과하기가 모델링이 되도록 해야 합니다. 둘째, 아이들이 경기 장면을 볼 수 있도록 옆으로 나란히 훌라후프 터널을 만들어야 합니다. 옆으로 서서 출발점을 양쪽 끝에 두면 훌라후프를 통과한 후 달려서 반환점을 돌아올 수 있습니다. 이 게임은 선수로 뛴 아이가 자기 자리로 가서 훌라후프를 들 수 있도록 시간을 주고 경기가 과열되지 않게 하기 위해서 릴레이 형식으로 진행하지 않습니다.

짝 체조 놀이

기본 움직임 요소	밀기/당기기/균형 잡기
기본 움직임 기술	비이동 움직임

교과서 내용	• 다양한 형태의 짝 체조 하기 • 몸으로 글자 만들기
특징	• 신체 인식 및 힘의 강도 인식에 도움이 되는 활동 • 한 차시에 여러 개를 하기는 무리이므로 상황에 맞는 재구성 필요
재구성	• 짝 체조: 둘씩 짝지어 비이동 움직임 익히기 • 황소 씨름 고등어 씨름: 전래 놀이를 활용한 짝 체조 하기 • 밥을 뜨자 국을 뜨자: '남생이 놀이'를 활용한 짝 체조 하기
재구성 활동 준비물	• 호루라기 또는 소고, 연습에 도움이 되는 영상이나 음원
주의점	• 몸을 쓰는 능력이 저발달된 사례가 많으므로 교사가 한두 팀씩 개별 지도하기 • 주의가 분산되는 넓은 공간보다는 교실 안에서 안정적인 상태에서 운영하기

　　교과서에 제시된 그림처럼 짝 체조를 넓은 운동장에서 하기에는 부담이 따릅니다. 특히 대근육 발달이 원만하게 진행되지 않은 아이들이 점차 늘고 있는 상황에서 아이들은 교과서에 제시된 동작을 제대로 따라 하지 못할 가능성이 높습니다. 손을 잡는 것만으로도 즐거워서 빙글빙글 돌며 딴짓을 하는가 하면 힘의 강도를 조절하지 못해 상대를 힘들게 하거나 엉덩방아를 찧는 일이 발생하기도 하죠.

　　따라서 짝 체조 놀이는 학생들이 활동에 충분히 익숙해지기 전까지 교실 안에서 안전하게 진행되어야 합니다. ㄷ자형 책상 배치에서 아이들은 자기 자리에 앉아서 친구들이 하는 모습을 지켜보고, 한 팀이나 두 팀만 가운데 공간으로 나와 교사의 개별지도와 함께 짝 체조 활동을 합니다. 한 팀이 나와서 교과서에 제시된 네 가지 짝 체조 활동을 모두 마치고 그다음 팀이 나오면 기다리는 학생들이 지루해하고 주의 역시 분산되기 쉽습니다. 한 가지 활동이 끝나면 바로 다음 팀이 활동하는 방식으로 한 번에 한 가지 짝 체조만 하고 들어가도록 진행합니다. 한 차시 안에 완료하기 어려우므로 하루에 한 가지씩 도전해 보는 것이 좋습니다.

1) 짝 체조

(1) 허리 뒤로 당기기

① 짝과 마주 본다(이때부터 웃음이 터지기도 하므로 긴장도를 살짝 올린다).

② 두 손으로 서로의 손목을 잡는다(손목이 어디인지 정확히 알려 준다).

③ 허리를 뒤로 당기며 허리, 등, 머리 순으로 뒤로 기울인다(교사가 가운데에 서서 두 아이 중 한 아이의 힘이 과하게 작용하지 않게 중심을 잡는다).

④ 천천히 허리를 세우며 일어난다(갑자기 힘을 주거나 빼지 않고 서서히 몸을 세우도록 지도한다).

(2) 어깨와 허리 펴 누르기

① 짝과 마주 본다.

② 다리를 어깨너비로 벌리고 두 손으로 상대방의 어깨를 가볍게 누르며 엎

초등 1학년 신체 활동의 모든 것

그림 3-6 · **허리 옆으로 당기기**

드린다(어깨너비의 의미를 정확히 알려 준다).

③ 무릎을 펴고 상체를 90도로 숙인 다음 아래로 누른다(90도로 숙인다는 의

미를 정확히 알려 준다).

④ 어깨부터 허리까지 쭉 펴며 자세를 유지한다(힘의 균형이 깨지지 않게 끝

까지 주의를 준다).

(3) 허리 옆으로 당기기

① 다리를 살짝 벌린 상태로 짝과 옆으로 나란히 선다.

② 짝과 가까운 쪽 손은 허리 아래에서 맞잡고 반대쪽 손은 머리 위에서 잡는다(머리 위에서 손잡기가 어려울 때는 무리해서 다음 동작으로 넘어가지 않는다).

③ 상체와 함께 허리를 바깥쪽으로 당긴다(교사가 두 학생의 허리를 바깥쪽으로 살짝 밀어 준다).

④ 맞잡아 올린 팔이 처지지 않게 한다(힘의 균형을 유지하게 한다).

⑤ 짝과 좌우 위치를 바꿔 허리 옆으로 당기기를 한다.

(4) 손잡고 앉았다 일어서기

① 짝과 마주 본다.

② 다리를 어깨너비로 벌리고 짝과 두 손을 맞잡는다.

③ 두 팔을 곧게 뻗으면서 무릎을 90도로 굽혀 앉는다(대부분의 1학년 아이에게는 어려운 동작이므로 90도를 강제하지 않는다. 무릎을 살짝 굽히는 정도로만 시도한다).

④ 두 발로 지면을 밀면서 일어난다(힘의 균형을 유지할 수 있게 돕는다).

2) 황소 씨름 고등어 씨름

"황소 씨름 고등어 씨름 어떻게 넘기나 요렇게 넘기지"라는 가사에 호흡을 맞추면서 하는 놀이로, '어깨와 허리 펴 누르기' 동작을 활용할 수 있습니다. 정적인 활동인 '어깨와 허리 펴 누르기'를 동적인 활동으로 응용함으로써 아이들이 즐겁게 참여할 수 있습니다.

① 짝과 마주 본다.

② 다리를 어깨너비로 벌리고 짝과 두 손을 맞잡는다.

③ "황소 씨름 고등어 씨름 어떻게 넘기나"라는 가사에 맞추어 맞잡은 손을 왼쪽, 오른쪽으로 왔다 갔다 하며 호흡을 맞춘다.

④ "요렇게 넘기지" 하면서 짝과 같은 방향으로 몸을 돌려 제자리로 온다.

⑤ 다시 한 번 "요렇게 넘기지" 할 때는 앞에서 했던 방향과 반대 방향으로 몸을 돌린다.

■ '황소 씨름 고등어 씨름' 놀이 영상[출처: 유튜브 채널 '실구쌤']
상대방의 어깨 위에 손을 올리고 하는 활동인데 1학년에 맞게 손을 잡는 것으로 변형했다.

3) 밥을 뜨자 국을 뜨자

'허리 뒤로 당기기'를 활용한 놀이로, 〈남생아 놀아라〉의 한 부분인 "청주 뜨자 아랑주 뜨자 철나무초야 내 젓가락 나무 접시 구갱캥"이라는 가사를 친근하게 바꾸어 적용했습니다. 이 역시 동적인 활동이라 1학년 아이들이 쉽게 참여할 수 있습니다.

① 짝과 가까이 마주 본다.

② 두 손으로 서로의 손목을 잡는다.

③ "밥을 뜨자 국을 뜨자 반찬을 뜨자 물을 뜨자"라는 가사에 맞추어 허리를 뒤로 당기며 힘의 균형을 유지한 채 종종걸음으로 돈다.

④ "맛있게 먹자 냠냠냠" 하면서 동시에 자리에 앉는다.

▪ '밥을 뜨자 국을 뜨자' 놀이 영상[출처: 유튜브 채널 '살구쌤']
  두 발을 가운데로 모으고 허리를 뒤로 당기며 도는 활동인데 1학년에 맞게 손을 잡고 도는 것으로 변형했다.

균형 잡기 놀이

기본 움직임 요소	밀기/당기기/균형 잡기
기본 움직임 기술	비이동 움직임
교과서 내용	• 다양한 균형 잡기 동작 창작하기(숫자 균형 잡기 동작) • 음악에 맞추어 춤을 추다가 지시에 맞게 균형 잡기 • 머리나 어깨에 물건 올리고 반환점 돌아오는 릴레이 게임 하기
특징	• 따라 하기 놀이 및 짝 체조 놀이와 연결되는 활동 • 신체 인식과 균형 잡기를 익히는 활동에 놀이 요소 추가
재구성	• 숫자 균형 잡기: 교사가 외치는 숫자에 맞추어 신체 몇 부분을 바닥에 닿게 한 상태로 균형 잡기 연습하기 • 무궁화 숫자 놀이: 무궁화꽃 놀이에 숫자 균형 잡기 결합하기
재구성 활동 준비물	• 호루라기 또는 소고, 교과서 그림 자료

주의점	• 따라 하기 놀이에서 배운 관절의 움직임과 연계해서 신체 부위와 움직임을 인식하는 활동으로 구성하기 • '동물 꽃이 피었습니다'보다 한 단계 더 어려운 놀이라고 안내해 도전 정신을 이끌어 내고, 균형을 잡고 유지하는 시간을 늘려 갈 수 있도록 놀이를 활용해 지도하기

교과서에 제시된 그림에는 '숫자 균형 잡기'의 의미가 분명하게 드러나지 않지만 지도서에서는 숫자 균형 잡기를 하면서 다양한 동작을 창작하도록 안내하고 있습니다. 독립된 하나의 놀이가 아니라 앞서 배운 활동과 마찬가지로 신체 움직임을 인식하고 비이동 움직임 기술을 활용해 균형 잡기 연습을 할 수 있는 놀이입니다. 다만, 머리나 어깨에 물건을 올리고 하는 릴레이 게임은 쉽게 활용할 수 있는 놀이여서 재구성에서는 생략했습니다.

1) 숫자 균형 잡기

신체 몇 부분을 바닥에 닿게 하고 균형을 잡는 활동입니다. 교사가 숫자 "1"을 외치면 한 발은 땅에, 나머지는 공중에 떠 있어야 합니다. 비보이라면 한 손을 바닥에 닿게 하고 온 몸을 위로 올려 정지 자세를 취할 수 있겠지만 1학년 아이들뿐 아니라 대부분의 사람에게는 무리입니다. 교사가 "2"라고 하면 한 손바닥과 발바닥이나 두 발바닥을 바닥에 닿게 하고 균형을 잡으면 됩니다. "3"이라고 하면 두 손바닥과 한 발바닥, 두 발바닥과 한 손바닥, 두 발바닥과 한 팔꿈치로 균형을 잡을 수 있습니다. 넓은 체육관에서 연습하기에 부담스럽다면 교실에서 연습한 후 체육관으로 이동해 '무궁화 숫자 놀이'를 합니다.

2) 무궁화 숫자 놀이

신체 부위 한 곳을 닿게 해 만들 수 있는 동작이 교과서 그림처럼 다양하므로 아이들에게 여러 시도를 해 볼 기회를 주는 것이 중요합니다. 그 과정을 통해 '나는 숫자 1이 나오면 이런 동작을 할 거야'라고 마음속으로 생각할 수 있게 합니다. 그렇게 1부터 5까지 차례로 연습한 다음 '무궁화 숫자 놀이'를 시작합니다(기본적인 유의 사항은 '따라 하기 놀이' 중 '동물 꽃이 피었습니다' 참고).

① 아이들을 안전선 안쪽에 옆으로 나란히 간격을 두고 서게 한다.
② 교사는 호루라기를 들고 체육관 뒤쪽 벽에 자리 잡는다.
③ 교사가 "무궁화꽃이 피었습니다. 3!"이라고 외치면 아이들은 신체 세 부분을 바닥에 닿게 하고 균형을 잡는다.
④ 교사는 잘하고 있는지 한 사람씩 살피고, 넘어지거나 포기하는 등 정해진 시간 동안 균형 잡기에 실패한 아이들을 불러내어 교사 옆에 서게 한다.
⑤ 살아 있는 학생이 교사를 터치하면 아이들은 안전선 안쪽으로 달려간다.

이 놀이는 몸의 관절 부위를 인식하면서 신체 일부를 사용해 균형을 잡고 그 자세 유지하기가 주목적입니다. 놀이를 지속하면서 균형을 유지하는 자세를 안정화해 시간을 늘려 갑니다. '숫자 균형 잡기' 연습을 충분히 한 후에 시도하는 것이 좋습니다.

한 발 술래잡기

기본 움직임 요소	걷기/달리기
기본 움직임 기술	이동 움직임
교과서 내용	• 다양한 걷기 활동 하기 • 풍선을 이용한 한 발 술래잡기 놀이 하기
특징	• 여러 가지 걷기 방법을 연습하며 정리하는 기회(종종걸음, 발끝걸음, 게걸음, 가재걸음, 달팽이걸음 등) • 신체의 움직임 및 공간의 범위를 인식하고 그에 맞게 움직이는 전략을 활용하는 연습
재구성	• 여러 가지 걷기: 종종걸음, 발끝걸음, 게걸음, 가재걸음, 달팽이걸음으로 걷다가 반환점 돌아 달려오기 • 크게 한 발 걷기: 크게 한 발 걷기 연습하기 • 한 발 술래잡기: 정해진 구역 안에서 한 발씩 이동해 술래 피하기
재구성 활동 준비물	• 호루라기 또는 소고, 원마커(10개 이상), 놀이 구역 표시용 접시콘, 반환점 표시용 고깔

주의점	• 한 줄로 바르게 서기가 어려운 시기이므로 주변의 지형지물(벽, 책상, 바닥의 줄 표시 등)을 활용해 지도하기 • 나란히 줄 서서 걷기에서 속도나 방향 등에 변화를 주어 집중도 유지하기 • 반환점이 너무 멀리 있으면 지루해할 수 있으므로 아이들 수준에 맞게 반환점 위치 조정하기 • 한 발 술래잡기를 할 때 공간에 비해 학생 수가 많으면 두 팀으로 나누어 진행하기

교과서에서는 '한 발 술래잡기' 활동을 중심으로 안내하고 있지만, 요즘 1학년 아이들은 크게 한 걸음 걷기 자체가 연습되지 않아서 바로 활동에 들어가기가 어렵습니다. 따라서 여러 가지 걷기 릴레이 게임으로 흥미를 돋우고, 크게 한 발 걷기로 정해진 지점까지 몇 걸음에 갈 수 있는지 연습한 다음 한 발 술래잡기를 하는 것으로 재구성했습니다.

1) 여러 가지 걷기

① 경쟁 활동 기본 배치에 맞게 정렬한다.

② 5단계 걷기 릴레이 게임 방식을 소개한다. 반환점까지는 정해진 걷기 방식으로 걷고, 반환점을 돈 다음부터는 뛰어 들어와서 다음 사람을 터치하는 방식으로 선수를 교체한다.

③ 1단계: 종종걸음. 보폭을 좁고 빠르게 움직이며 걷기

④ 2단계: 발끝걸음. 발뒤꿈치를 들고 발끝으로 걷기

⑤ 3단계: 게걸음. 측면으로 서서 옆으로 한 발을 내딛고 다음 발을 모으는
방법으로 걷기

⑥ 4단계: 가재걸음. 뒷걸음질하며 걷기

⑦ 5단계: 달팽이걸음. 한 발을 내딛고 다음 발을 그 발끝에 붙이는 방법으
로 걷기

2) 크게 한 발 걷기

① 경쟁 활동 기본 배치에 맞게 정렬한다.

② 여러 가지 걷기와 다르게 원마커 10개를 출발선 위치에 두어 열 사람이
동시에 출발할 수 있게 한다.

③ 열 사람이 동시에 크게 한 벌 걷기를 해서 정해진 반환점까지 몇 걸음에
도착할 수 있는지 연습한다.

④ 한 팀이 끝나면 다음 팀이 연습하게 한다.

3) 한 발 술래잡기

① 접시콘으로 한 발 술래잡기 놀이 구역을 정한다(체육관 바닥에 그려진 선
을 이용할 수 있는데 선이 복잡하면 코너 부분에만 접시콘을 두어 표시한다).

② 아이들은 구역 안에 흩어져 있다.

③ 아이들은 각자 위치에서, 교사는 정해진 출발점에서 "한 발" 소리와 함께

크게 한 걸음을 뗀다.

④ 멈춘 상태에서 교사의 손에 닿는 학생을 잡는다.

⑤ 다시 "한 발"을 외치며 한 걸음 이동해 또 다른 학생을 잡는다.

⑥ 모두 잡히면 다음 팀이 놀이를 시작한다.

얼음땡 놀이

기본 움직임 요소	걷기/달리기
기본 움직임 기술	이동 움직임
교과서 내용	• 바른 자세로 달리는 방법 알아보기 • 술래 정하고 얼음땡 놀이 하기 • 훌라후프나 원마커를 활용한 얼음땡 놀이 하기
특징	• 정해진 경로로 달리기 혹은 걷기를, 술래를 피하기 위한 무질서적 달리기로 전환하는 활동 • 내 움직임뿐만 아니라 술래를 비롯한 친구들의 움직임도 예상하면서 안전한 경로를 탐색해야 하는 활동
재구성	• 지그재그 달리기: 접시콘을 따라 지그재그로 달리기를 릴레이로 진행하기 • 얼음땡 놀이: 술래 정하고 얼음땡 놀이 하기
재구성 활동 준비물	• 호루라기 또는 소고, 접시콘, 술래용 조끼, 고깔(2개)

주의점	• 체육관 전체를 놀이 공간으로 활동하되 탁구대나 방송 시설 등 위험 요소가 있으면 접시콘으로 놀이 구역을 정해 부딪힘 사고 예방하기 • 공간에 비해 학생 수가 많으면 두 팀으로 나누어 진행하기 • 술래가 지치지 않도록 게임 시간 약 2분으로 정하기

교과서 활동은 일반적인 얼음땡 놀이와 훌라후프 혹은 원마커 안에서만 땡을 할 수 있는 놀이로 구성되어 있습니다. 얼음땡 놀이는 규칙이 간단하고 준비물도 따로 필요 없어 1학년이 하기에 적합합니다. 그러나 부딪힘 사고가 빈번히 일어날 수 있는 놀이이기도 하죠. 자기 맥락적으로 내 움직임만 생각하면 사고가 발생합니다.

정해진 공간 안에서 나의 이동 반경, 앞에서 달려오는 친구들의 움직임, 그리고 나를 뒤따라오는 술래의 압박을 모두 고려하며 이동하는 고도의 움직임 전략이 필요합니다. 놀이 내내 전력을 다해 달릴 수 없기 때문에 눈치껏 술래가 없는 곳에서는 숨을 고르고 체력을 비축해야 하는 놀이이기도 합니다. 그런 전략을 활용하지 못하는 아이들이 주로 술래에게 잡히게 됩니다. 술래가 되면 여러 목표물 중 무엇을 선택할지, 하나를 선택했다면 계속 끈질기게 추적할지, 다른 상대가 나타나면 몸을 돌려 목표물을 바꿀지 계속된 인지적 판단이 필요합니다. 그리고 무엇보다 달리기라는 운동 기술이 필요합니다.

1) 지그재그 달리기

지그재그 달리기는 직선 경로가 아닌 방향이 바뀌는 경로를 따라 몸의 움직임과 속도, 방향을 제어하며 달리는 연습을 위한 활동입니다.

① 경쟁 활동 기본 배치에 맞게 정렬한 후 접시콘을 반환점까지 지그재그로 늘어놓는다.
② 각 팀에서 한 사람씩 순서대로 나와 지그재그 경로를 따라 달리고 반환점을 돌아 다시 지그재그로 달려 들어온다.
③ 릴레이 게임으로 진행한다.

2) 얼음땡 놀이

① 접시콘으로 놀이 구역을 표시한다.
② 교사와 학생들이 동시에 가위바위보를 해서 술래를 정한다. 교사와 마지막까지 가위바위보를 해 이긴 학생이 술래가 된다.
③ 술래는 술래용 조끼를 입고 정해진 장소에 선다.
④ 호루라기 소리와 함께 얼음땡 놀이를 시작한다.
⑤ 게임은 약 2분간 진행하고 2분이 넘어도 아무도 술래에게 잡히지 않으면 술래를 하지 않은 아이들이 교사와 가위바위보를 해 다음 술래를 정한다.

초등 1학년 신체 활동의 모든 것

열 발 뛰기 놀이 😁

기본 움직임 요소	높이뛰기/멀리뛰기
기본 움직임 기술	이동 움직임
교과서 내용	• 열 발 뛰기 놀이 방법 익히기 • 열 발 뛰기 놀이 하기 • 오리걸음, 코끼리걸음으로 변형 놀이 하기
특징	• 한 발 술래잡기와 연결되는 활동이나 제자리에서 크게 한 발 걷기, 다리 엇갈려 뛰어 멀리 가기와는 다른 기능 • 이동이 큰 움직임으로, 연습해 보는 것 자체만으로도 의미 있는 활동
재구성	• 엇갈려 뛰기: 원마커 위치에 맞춰 엇갈려 뛰기 연습하기 • 세 발 세 발: 세 발 크게 뛰고 다시 세 발 크게 뛰어 들어오기 • 다섯 발 다섯 발: 다섯 발 크게 뛰고 다시 다섯 발 크게 뛰어 들어오기 • 열 발 도전: 열 발 크게 뛰어 선생님 여덟 발보다 멀리 가기
재구성 활동 준비물	• 호루라기 또는 소고, 원마커, 반환점 표시용 고깔
주의점	• 다리를 크게 벌려 엇갈려 뛰는 활동을 해 본 학생이 많지 않은 만큼 엇갈려 뛰기 연습에 주력하기 • 마지막 단계는 도전 활동으로, 열 발 뛰어서 교사의 여덟 발보다 멀리 갈 수 있게 독려하기 • 온 힘을 다해 뛰는 활동인 만큼 부딪히면 큰 사고로 이어질 수 있으므로 한 번에 다섯 사람씩 정해진 위치에서 뛰도록 안내하며 질서 유지하기

교과서에서는 열 발 뛰기 놀이가 바로 가능할 것처럼 제시하고 있지만 요즘 1학년 아이들 중 다리를 크게 벌려 엇갈려 뛰어 본 아이들은 거의 없습니다. 그렇기에 엇갈려 뛰기 연습이 먼저 필요합니다. 온 힘을 다해 멀리뛰기를 시도하면, 아이들 가운데 절반 정도는 성공하지 못하거나 주저하고 소극적으로 뜁니다. 명확한 목표를 주고 각자의 수준에 맞게 뛰는 것이 중요하다고 안내합니다.

1) 엇갈려 뛰기

① 경쟁 활동 기본 배치에 맞게 정렬한다.

② 출발점부터 반환점까지 원마커를 약 1미터 간격으로 놓는다.

③ 한 발에 원마커 하나를 밟는다는 생각으로 뛰도록 안내한다.

④ 반환점을 돈 다음에는 달리기로 돌아온다(한 사람씩 집중 관찰하고 지도하기 위해 릴레이로 진행하지 않는다).

2) 세 발 세 발/다섯 발 다섯 발

① 경쟁 활동 기본 배치에서 원마커로 출발점 다섯 곳을 표시한다.

② 다섯 사람이 나와 출발점에 선다(도움닫기 없이 진행한다).

③ 엇갈려 뛰기로 세 발을 뛴 다음 멈춘다.

④ 뒤로 돌아 다시 세 발을 뛰어 출발점에 들어오면 성공 점수를 준다.

⑤ 다음 다섯 사람이 도전한다(공간이 넓으면 열 사람이 동시에 할 수도 있다).

초등 1학년 신체 활동의 모든 것

⑥ 세 발 세 발을 마치면 다섯 발 다섯 발로 이어 간다.

3) 열 발 도전

① 세 발 세 발 대형을 그대로 유지한다.

② 교사가 먼저 여덟 발을 뛴 다음 도착점을 원마커로 표시한다.

③ 다섯 사람이 출발점에서 엇갈려 뛰기로 열 발을 뛴다.

④ 교사의 여덟 발에 근접했거나 넘어선 아이들에게 성공 점수를 준다.

⑤ 다시 열 발을 뛰어 출발점에 들어간다.

4장

「사람들」에서의 신체 활동

'우리는 누구로 살아갈까' 영역에서 '우리는 서로 관계를 맺으며 생활한다'는 핵심 아이디어에 기반을 둔 단원입니다. 가족이나 주변 사람을 배려하며 관계를 맺고(2바01-03), 가족이나 주변 사람에게 관심을 갖고 함께 살아가는 모습을 탐구하고(2슬01-03), 가족이나 주변 사람과 소통하며 어울리고(2즐01-03), 즐겁게 놀이하며, 건강하고 안전하게 생활하는(2즐01-01) 내용으로 구성되어 있습니다. 학교생활에 어느 정도 익숙해졌으니 가족과 주변 사람에게로 관심을 확장하고 소통 역량을 키우는 단원입니다.

「사람들」에서는 나를 넘어선 가족과 학교 친구들, 이웃에 대해 생각합니다. 그러다 보니 제시된 신체 활동 역시 확장됩니다. 사용하는 도구가 다양해지고, 놀이 규칙도 복잡해집니다. 그러나 무엇보다 안전이 중요하므로 무리해서 확장하거나 복잡하게 하지 않습니다.

기본 움직임 요소	도구 활용
기본 움직임 기술	조작 움직임

교과서 내용	• 풍선을 이용한 몸풀기 • 팀 만들어 풍선 놀이 하기 • 풍선 놀이 기록 재고 기록 높이기 도전하기
특징	• 풍선이 바닥에 닿지 않도록 신체 여러 부위 사용해 풍선 띄우는 놀이 • 친구들과 협력해 과제 수행하기에 방점을 둔 활동
재구성	• 풍선 띄우기: 손을 대지 않고 정해진 공간에서 풍선 띄우기 • 보자기 띄우기: 풍선 대신 보자기 활용하기 • 비닐봉지 띄우기: 풍선 대신 비닐봉지에 공기 넣어 띄우기
재구성 활동 준비물	• 호루라기 또는 소고, 풍선, 보자기, 비닐봉지
주의점	• 풍선이 터질까 봐 무서워하는 학생이 있거나 풍선을 학생 수만큼 준비하는 것에 어려움이 있다면 대체 물품 활용 고려하기 • 1학년 학생 네 명이 손을 잡고 함께 움직여 풍선을 띄우다 보면 한꺼번에 넘어지는 사고가 발생할 수 있으므로 주의하기 • 함께하는 활동이지만 반드시 손을 잡고 할 필요는 없다는 점 기억하기

교과서에서는 풍선을 위로 올리고, 앞으로 내밀고, 옆으로 전달하며 몸풀기 운동을 하라고 안내하고 있습니다. 교사들이 탱탱볼 같은 공을 학생 수만큼 준비하는 것보다 풍선을 학생 수만큼 불어서 준비하는 것이 훨씬 어렵습니다. 풍선을 스스로 불어서 묶을 수 있는 1학년 학생은 거의 없기 때문에 오로지 교사의 몫이 됩니다. 몸풀기는 풍선을 이용하지 않아도 되므로 과감히 생략했습니다. 평소처럼 속도와 방향에 변화를 주며 달리고 걷기, 기본적인 몸풀기 운동으로 시작

하면 됩니다.

또한 교과서에는 네 명의 학생들이 손을 잡고 둥글게 서서 몸의 어느 부위든 활용해 풍선을 쳐올림으로써 풍선이 바닥에 떨어지지 않게 하는 활동으로 제시되어 있습니다. 교과서 그림을 처음 봤을 때 '1학년에서 가능할까?'라는 생각이 먼저 들었습니다. 이 활동에 필요한 기본 움직임 요소는 도구 활용입니다. 풍선이라는 도구의 물성을 이용한 신체 활동이라면 굳이 위험하게 손을 잡고 활동할 필요는 없을 듯해 풍선 이외의 다양한 물건을 활용하는 놀이로 재구성했습니다.

가벼워서 쳐올리기 쉽고 떨어지는 데 시간이 걸리는 물체의 속성을 활용하기 위해 풍선, 보자기, 비닐봉지를 준비합니다. 사용하는 물체만 다를 뿐 하는 방법은 동일합니다. 교실에서도 가능한 활동입니다.

① 풍선/보자기/공기를 넣은 비닐봉지를 준비한다.

② 학생들을 두 팀으로 나눈다.

③ 한 팀이 나와서 정해진 공간 곳곳에 선다.

④ 교사가 풍선/보자기/비닐봉지를 공간 안쪽으로 던져 올린다.

⑤ 각자 서 있는 자리에서 움직이면서 풍선/보자기/비닐봉지를 쳐올린다.

⑥ 얼마나 오랫동안 공중에 떠 있게 하는지 시간을 기록한다.

⑦ 두 팀이 번갈아 도전하면서 기록을 갱신한다.

⑧ 풍선/보자기/비닐봉지로 하는 활동에 익숙해지면 교과서에서처럼 네 사람씩 팀을 구성해 손을 잡고 물건을 띄운 다음 시간을 기록해 본다.

잡기 놀이

기본 움직임 요소	기본 동작/모이기
기본 움직임 기술	이동 움직임
교과서 내용	• 모이기, 한 줄 서기, 두 줄 서기 연습하기 • 잡기 놀이 하기
특징	• 기본 동작/모이기를 기본 움직임 요소로 배치하고 있으나 가위바위보 결과에 따라 순간적인 움직임으로 연결하는 놀이 활동
재구성	• 한 팀씩: 한 팀씩 연습하며 놀이 방법 익히기 • 두 팀씩: 두 팀씩 연습하며 놀이 방법 익히기 • 남자 팀, 여자 팀: 다섯 팀 이상이 동시에 참여하기
재구성 활동 준비물	• 호루라기 또는 소고, 원마커, 안전지대 표시용 접시콘, 스펀지 막대
주의점	• 한두 번의 설명만으로 학생 전체를 동시에 진행시키기는 어려우므로 처음에는 한 팀씩 차례로 시도하고, 그다음에는 두 팀이 동시에 해 보고, 모든 학생이 모방하며 규칙을 숙지한 다음에는 전체 활동으로 운영하기

초등 1학년 신체 활동의 모든 것

- 팀별 간격을 원마커로 표시해 양쪽 방향으로 뛰다가 부딪쳐 다치는 사고 없게 하기

잡기 놀이 활동으로 제시하고 있는 모이기, 한 줄 서기, 두 줄 서기는 신체 활동을 할 때마다 활용하므로 생략합니다. 중요한 부분은 '잡기 놀이'를 통해 민첩성 키우기입니다. 놀이 규칙을 말로만 설명하면 이해하지 못하거나 순간적인 상황 판단을 하기 어려워하는 아이들이 있으므로 한 팀씩 돌아가며 연습해 놀이 방법을 완전히 숙지하게 합니다.

그림 4-1 · **잡기 놀이**

4장 · 「사람들」에서의 신체 활동

① 가운데 선을 중심으로 원마커를 양쪽으로 놓는다.

② 맨 앞에 놓인 원마커 위에 각 팀 선수가 선다.

③ 교사의 지시에 따라 가위바위보를 해서 이긴 선수는 안전지대로 도망가
고 진 선수는 이긴 선수를 잡으러 간다.

④ 잡히지 않고 안전지대에 들어가면 성공 점수를 준다.

⑤ 한 팀씩 연습한 후에는 두 팀씩 연습한다.

⑥ 마지막으로 다섯 팀 이상이 동시에 놀이에 참여한다.

⑦ 스펀지 막대나 뿅망치를 활용한 놀이로 변형할 수 있다.

그림 4-2·**한 팀씩 연습한 후 인원 늘려서 활동하기**

뜀뛰기 놀이

기본 움직임 요소	높이뛰기/멀리뛰기
기본 움직임 기술	이동 움직임
교과서 내용	• 제자리에서 높이뛰기 • 두 발 술래잡기 놀이 하기
특징	• 주요 활동 내용은 높이뛰기로, 멀리뛰기 활동인 한 발 술래잡기나 열 발 뛰기 놀이와는 다른 움직임 기술 • 두 발로 제자리 높이뛰기와 두 발로 멀리뛰기를 활용한 다양한 놀이로 변용 가능
재구성	• 접시콘 뛰어넘기: 두 발 뛰기로 연속 뛰어넘기 • 작은 고깔 뛰어넘기: 두 발 높이뛰기로 한 번 뛰어넘기 • 큰 고깔 뛰어넘기: 두 발 높이뛰기로 한 번 뛰어넘기 • 연속 도전: 접시콘, 작은 고깔, 큰 고깔 연이어 뛰어넘기
재구성 활동 준비물	• 호루라기 또는 소고, 접시콘, 작은 고깔, 큰 고깔
주의점	• 두 발 뛰기로 넘는 대상의 높이를 낮은 것에서 높은 것으로 점차 바꾸기 • 여러 개를 연이어 뛰어넘을 때 거리감을 익혀 뛰어넘을 수 있게 시범 보이기 • 너무 높아서 뛰어넘기 어려운 도전에서는 다리를 벌려 뛰어넘거나 한쪽 다리만 들어 넘을 수 있다는 점 안내하기

　　교과서에서는 제자리에서 높이 뛰는 여러 자세와 두 발 술래잡기를 하는 방법 및 장면을 보여 줍니다. 그러나 제자리에서 높이 뛰는

그림만으로는 어떤 활동인지 이해하는 데 한계가 있습니다. 지도서에서는 한 손 들고 한 발로 뛰기, 두 손 들고 두 발 모아 뛰기, 토끼처럼 뛰기, 나비처럼 두 팔을 휘저으며 뛰기 등으로 설명합니다. 제자리 높이뛰기의 여러 자세를 한 번씩 시도해 보는 기회도 필요해 보입니다.

두 발 술래잡기 장면은 좁은 원 안에 많은 아이가 동시에 두 발로 멀리뛰기를 하는 모습을 담고 있어 매우 위험해 보입니다. 주변에서 대기하는 아이들도 경계선에 너무 가까이 있거나 경계선 가까운 곳에서 손을 바닥에 두어 밟힐 위험이 있습니다. 교사들은 이런 활동에 마음이 가지 않습니다. 위험 부담이 너무 커 보이기 때문입니다. 두 발로 높이 뛰거나 멀리 뛰는 기술 익히기를 꼭 위험해 보이는 놀이로 할 필요는 없어 다양한 높이의 고깔을 활용한 뜀뛰기 도전 활동으로 재구성했습니다.

① 두 발 뛰기 활동을 위해 다양한 높이의 물건을 준비한다. 접시콘, 작은 고깔, 큰 고깔 등 체육 창고에 있는 물건을 활용한다.

② 1단계: 두 발 모아 접시콘 3~5개 연속으로 뛰어넘기. 대부분 어렵지 않게 성공할 수 있다.

③ 2단계: 작은 고깔 하나 뛰어넘기. 쉽게 넘으면 2개 연속 뛰어넘기로 연결해서 한 번 더 도전해 볼 수 있다.

④ 3단계: 큰 고깔 하나 뛰어넘기. 조금 높아 망설이는 아이들도 있지만 친

그림 4-3 · **접시콘, 작은 고깔, 큰 꼬깔 뛰어넘기**

구들이 성공하는 모습을 보면 자신감을 갖게 되기도 한다.

⑤ 4단계: 1~3단계 연속으로 뛰어넘기

⑥ 4단계까지 성공하면 1~3단계 연속으로 뛰어넘고 달려서 반환점을 돌아 다음 선수와 교체하는 릴레이 게임으로 마무리한다.

징검다리 놀이

기본 움직임 요소	밀기/당기기/균형 잡기
기본 움직임 기술	비이동 움직임
교과서 내용	• 일정 시간 동안 여러 자세로 균형 잡기 • 다양한 자세로 징검다리 놀이 하기
특징	• 따라 하기 놀이 중 동물 흉내 내기와 연결되는 활동으로 여기에서는 균형 잡기 및 유지 강조 • 한 발로, 두 발로, 손 들고, 친구와 손잡고 뛰어넘으며 자세 유지하는 기술 숙달이 목표
재구성	• 동물 꽃이 피었습니다: 따라 하기 놀이 복습하기 • 숫자 균형 잡기: 숫자에 맞게 신체를 바닥에 닿게 함으로써 균형 잡기 복습하기 • 훌라후프 안에서 균형 잡기: 다양한 자세 유지하기 • 징검다리 놀이: 한 발, 두 발, 친구와 손잡고 징검다리 건너기 릴레이로 진행하기
재구성 활동 준비물	• 호루라기 또는 소고, 훌라후프(한 사람당 1개), 반환점 표시용 고깔

주의점	• 다양한 자세로 균형을 유지하기 위해서는 호흡 정리와 시선 고정이 중요하다는 점 안내하기 • 훌라후프 안에서 균형 유지할 때 실패해도 다시 도전할 기회 주기 • 더욱 안전한 방법을 원한다면 훌라후프 대신 원마커 활용하기

교과서는 일정 시간 동안 다양한 자세로 균형을 잡는 활동과 징검다리 놀이로 구성되어 있습니다. 여러 자세로 균형을 유지하는 활동으로 한 손으로 한쪽 다리 잡고 균형 잡기, 두 손을 양쪽으로 쫙 펴고 균형 잡기, 개구리 자세로 균형 잡기를 예로 들고 있습니다. 균형 잡기 활동을 간결하게 기억하기 위해서 오른쪽 다리 들고 양팔 벌려 균형 잡기, 왼쪽 다리 들고 양팔 벌려 균형 잡기, 두 손으로 한쪽 다리 굽혀 잡고 균형 잡기 정도로 연습할 수 있습니다.

「학교」 단원의 '따라 하기 놀이' 속 '동물 꽃이 피었습니다'를 하면서 균형을 잡고 유지하는 활동을 할 수 있습니다. '균형 잡기 놀이' 속 '숫자 균형 잡기'로 대체해도 좋습니다. 새롭고 복잡한 활동을 도입하기보다 단순하고 간결한 놀이를 반복하면서 움직임 기술을 숙달할 것을 추천합니다.

동일한 활동 반복이 지루하게 느껴진다면 각자 훌라후프 안에서 균형을 유지하는 활동으로 변화를 주는 방법도 있습니다. 이렇게 균형 잡기 활동을 하면서 준비한 다음 징검다리 놀이를 진행합니다.

① 훌라후프를 지그재그 형태로 간격을 벌려 길게 늘어놓는다.

② 1단계부터 4단계까지 차례로 릴레이 게임을 진행한다.

③ 1단계: 한 발로 건너기. 한 발 뛰기로 훌라후프를 차례로 건너간다.

④ 2단계: 두 발로 건너기. 두 발 모아 뛰기로 훌라후프를 차례로 건너간다.

⑤ 3단계: 친구와 손잡고 건너기. 친구와 손을 잡고 훌라후프를 건너간다.

⑥ 3단계를 할 때는 두 사람이 호흡을 맞추기 위해 "하나 둘 셋" 숫자를 센
뒤 뛸 수 있게 안내한다.

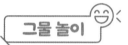
그물 놀이

기본 움직임 요소	걷기/달리기
기본 움직임 기술	이동 움직임
교과서 내용	• 여러 가지 걷기 방법 익히기 • 그물 놀이 하기
특징	• '나란히 놀이' 속 '걷기와 뛰기'나 '한 발 술래잡기' 속 '여러 가지 걷기'와 중복되는 활동 • 그물 놀이를 하기 위해서는 여러 사람이 손잡고 함께 달리는 연습 필요
재구성	• 걷기와 뛰기: 준비운동으로 하던 선 따라 걷기 활동 복습하기 • 여러 가지 걷기: 종종걸음, 발끝걸음, 게걸음, 가재걸음, 달팽이걸음으로 걷다가 달리기 릴레이로 진행하기

초등 1학년 신체 활동의 모든 것

	• 친구 모아 걷기: 두 사람에서 세 사람, 네 사람, 다섯 사람으로 늘려 걷기 • 그물 놀이: 술래인 그물이 물고기를 잡아 그물 늘리기
재구성 활동 준비물	• 호루라기 또는 소고, 반환점 표시용 고깔
주의점	• '걷기와 뛰기', '여러 가지 걷기'는 평소 하던 활동의 반복이므로 약간의 변화를 주어 흥미 유도하기 • 그물 놀이를 시작하기 전, 혼자보다 둘, 둘보다 셋, 셋보다 넷이 걷기가 어렵다는 것을 연습을 통해 경험하게 해서 힘 조절이 되지 않아 다 같이 넘어지는 일 발생하지 않게 하기 • 그물 놀이를 할 때는 모두 뛰지 않고 걸어야 함을 강조하기

교과서에는 여러 가지 걷기로 빠르게 걷기, 뒤로 걷기, 둘이 걷기, 둘이 옆으로 걷기, 둘이 발 맞추어 걷기, 다 함께 걷기, 동그라미 그리며 걷기, 네모 그리며 걷기를 제시하고 있습니다. '나란히 놀이' 속 '걷기와 뛰기'나 '한 발 술래잡기' 속 '여러 가지 걷기'를 상기시키면서 한 번씩 복습하면 교과서에 제시된 걷기 활동 대부분을 소화하게 됩니다.

1) 친구 모아 걷기

① 경쟁 활동 기본 배치에 맞게 정렬한다.

② 단계별로 정해진 인원이 나와 손을 잡고 걸어서 반환점까지 갔다가 돌아오는 릴레이 게임을 한다.

③ 1단계: 각 팀에서 두 사람씩 나와 손을 잡고 걷는다.

④ 2단계: 각 팀에서 세 사람씩 나와 손을 잡고 걷는다.

⑤ 3단계: 각 팀에서 네 사람씩 나와 손을 잡고 걷는다.

⑥ 4단계: 각 팀에서 다섯 사람씩 나와 손을 잡고 걷는다.

⑦ 1~4단계를 축약해 두 사람, 네 사람, 여섯 사람으로 진행해도 된다.

2) 그물 놀이

① 술래 둘이 나란히 서서 한 손을 잡고 그물이 된다.

② 나머지 학생(물고기)들은 정해진 구역(바다) 곳곳을 돌아다닌다.

③ 그물은 돌아다니는 물고기를 잡으러 다닌다.

④ 그물의 손이나 몸에 물고기가 닿으면 그 물고기는 함께 그물이 된다.

⑤ 그물이 점점 길어지고 남은 물고기가 모두 잡히면 놀이가 끝난다.

⑥ 그물 역할을 하는 학생들이 지칠 수 있으므로 놀이 시간을 약 3분으로 정한다.

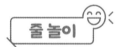

줄 놀이

기본 움직임 요소	밀기기/당기기/균형 잡기

기본 움직임 기술	비이동 움직임
교과서 내용	• 서로 밀고 당기며 몸풀기 • 여러 가지 줄 놀이 하기
특징	• 둘이서 몸을 밀거나 당기며 하는 몸풀기는 '황소 씨름 고등어 씨름'이나 '밥을 뜨자 국을 뜨자'로 대체 가능 • 줄을 이용한 여러 가지 놀이는 균형 잡기라는 비이동 움직임인 동시에 조작 움직임
재구성	• 들강달강: 둘이 손을 잡고 발을 맞대고 앉아 들강달강 놀이 하기 • 고무줄 넘기: 발목 높이부터 머리 높이까지 고무줄 넘기 • 림보: 허리 뒤로 젖힌 상태로 머리 높이부터 허리 높이까지의 고무줄 통과하기
재구성 활동 준비물	• 호루라기 또는 소고, 림보 세트 혹은 고무줄, 고무줄을 묶을 수 있는 기둥이나 스탠드
주의점	• 고무줄 넘기나 림보를 하기 전, 몸을 충분히 풀어서 몸에 무리가 가지 않게 하기 • '림보 세트'를 활용하면 가장 좋지만 없다면 고무줄 이용하기. 한쪽을 기둥이나 축구 골대 등에 묶어 두고 다른 한쪽은 교사가 잡고 높이를 조절하면서 고무줄 넘기와 림보 진행하기

교과서에는 둘이 발이나 등을 맞대고 몸을 푸는 정적인 활동이 소개되어 있는데 이는 노래와 동적인 움직임이 있는 들강달강 놀이로 대체할 수 있습니다. 들강달강 놀이 방법은 다음과 같습니다.

① 둘이 마주 앉아 손을 잡고 무릎을 세운다. 발뒤꿈치를 바닥에 붙인 채 발끝을 마주 댄다.

② 노래에 맞추어 한 사람이 당기면 다른 한 사람이 밀고, 그다음에는 반대로 밀고 당긴다.

③ 같은 동작을 노래에 맞추어 반복한다.

④ "너랑 나랑 나눠 먹자"라는 마지막 가사에서는 동작을 멈추고 잡은 두 손을 흔들며 속삭이듯 노래한다.

고무줄 넘기는 낮은 높이에서 높은 높이로 올라가며 넘는 놀이이고, 림보는 높은 높이에서 낮은 높이로 고무줄 아래를 통과하는 놀이입니다. 놀이 방법이 간단하므로 설명은 생략합니다.

- 〈들강달강〉 노래 듣기[출처: 유튜브 채널 '플레이그라운드']

- '들강달강' 놀이 영상[출처: 유튜브 채널 '살구쌤']

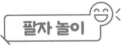
팔자 놀이

기본 움직임 요소	걷기/달리기
기본 움직임 기술	이동 움직임

초등 1학년 신체 활동의 모든 것

교과서 내용	• 혼자서, 둘이서 힘껏 달리기 • 팔자 놀이 하기
특징	• 혼자서, 둘이서 힘껏 달리기로 기본 움직임 준비 • 팔자 놀이를 하며 달리다 멈추고 또 달리는 놀이
재구성	• 힘껏 달리기: 혼자 달리기 릴레이로 진행하기, 둘이 달리기 릴레이로 진행하기 • 콩콩콩 일자 놀이: 콩콩콩 두 발 뛰기로 팔자 놀이 변형한 놀이 하기
재구성 활동 준비물	• 호루라기 또는 소고, 원마커, 반환점 표시용 고깔
주의점	• 운동장에 팔자 모양을 그릴 시간적 여유가 부족하다면 대체 활동 및 방법 마련하기 • 팔자 모양의 경로는 여러 학생이 힘껏 달리며 놀기에 몇몇 위험이 있다는 점 인지하기 • 힘껏 달리기가 목적이라면 다양한 변형 달리기로, 술래를 피하는 놀이가 목적이라면 얼음땡 놀이나 꼬리 따기, 알까기 술래잡기 등으로 재구성하기

1) 힘껏 달리기

1학년은 힘껏 달리기만 해도 행복해하죠. 달려서 반환점을 돌아오는 릴레이만 해도 좋아하는데 단계별로 각기 다른 물건을 활용하면 더욱 흥미를 갖고 참여합니다.

① 경쟁 활동 기본 배치에 맞게 정렬한다.

② 1단계: 힘껏 달리기. 힘껏 달려 반환점을 돌아와 다음 사람과 선수를 교

체한다.

③ 2단계: 원반 던지고 달리기. 출발점에서 원반을 던지고 달려가 잡은 후 반환점을 돌아 다음 사람에게 원반을 전달하면서 선수를 교체한다.

④ 3단계: 공 던지고 달리기. 추크볼, 탱탱볼, 오볼 등을 힘껏 던지고 달려가 잡은 후 반환점을 돌아 다음 사람에게 공을 전달하면서 선수를 교체한다.

⑤ 그 외 다양한 물체를 활용한 달리기를 릴레이로 진행한다.

2) 콩콩콩 일자 놀이

교과서에 제시된 대로 많은 인원이 힘껏 달릴 수 있는 여유 공간을 확보하려면 아주 큰 팔자 놀이판을 그려야 합니다. 운동장은 먼지 때문에 놀이 활동을 하기에 불편하고, 넓은 공간이라 통제가 어렵습니다. 반면 체육관은 팔자 놀이판을 그릴 방법이 없다고 볼 수밖에 없습니다. 마스킹 테이프로 힘들게 선을 만들었어도 다른 반 수업을 위해 떼어 내야 한다면 굳이 수고를 해야 할 이유는 없겠죠. 그 시간에 재미있는 다른 활동을 하는 것이 더 의미 있어 보입니다.

이럴 때는 원마커나 훌라후프를 활용해 팔자 모양을 만들 수 있습니다. 학교에 준비된 원마커나 훌라후프가 충분하지 않다면 두 가지를 모두 사용해 놀이판을 만들면 됩니다. 이 활동에서는 원마커 30개를 일자나 S자로 늘어놓고 달팽이 놀이를 변형한 형태로 재구성했습니다.

초등 1학년 신체 활동의 모든 것

그림 4-4 · **콩콩콩 일자 놀이**

① 원마커 30개를 일정 간격에 맞게 일자로 늘어놓는다.

② 원마커 양쪽 끝에 두 팀이 순서대로 앉아 대기한다.

③ 각 팀의 첫 번째 사람이 호루라기 소리와 함께 두 발 뛰기로 원마커에 맞추어 콩콩콩 뛰어온다.

④ 두 사람이 만나면 가위바위보를 한다. 이긴 사람은 앞으로 나아가고, 진 사람은 옆으로 빠진다. 진 팀의 다음 사람이 출발점에서 대기하다가 콩콩콩 두 발 뛰기로 뛰어온다.

⑤ 달팽이 놀이처럼 한 팀이 상대 팀의 출발점에 도달하면 성공 점수를 받고 게임은 처음부터 다시 시작한다.

가위바위보 뛰기 놀이

기본 움직임 요소	기본 동작/모이기
기본 움직임 기술	이동 움직임
교과서 내용	• 발목, 다리, 무릎 풀어 주기 • 가위바위보 뛰기 놀이 하기
특징	• 하반신을 풀어 주는 기본 동작 익히기 • 가위바위보 결과에 따라 뛰어가는 걸음 수를 다르게 해 먼저 도착점에 도달하는 팀이 이기는 놀이 활동

재구성	• 가위바위보 놀이: 이긴 사람이 두 발씩 앞으로 나가기 • 한 발 뛰기: 다섯 발, 여섯 발, 여덟 발, 열 발 뛰기 놀이
재구성 활동 준비물	• 호루라기나 소고, 원마커, 반환점 표시용 고깔, 접시콘
주의점	• 기본 동작/모이기로 구성되었다고 하나 실제 놀이 활동은 한 발로 멀리 뛰는 이동 움직임 기술로 구성되어 있다는 점 인지하기 • 목표를 놀이에 둘지, 이동 움직임 기술 익히기에 둘지 정한 후 활동 운영하기 • 가위는 두 발, 바위는 다섯 발, 보는 열 발로 하면 상대와 거리 차이가 많이 나 가위바위보 자체가 불가능해지거나 소란스러워질 가능성이 있음을 유의하기

발목, 다리, 무릎을 풀어 주는 기본 동작은 매시간 반복하는 활동이므로 생략합니다. 가위바위보 뛰기 놀이의 기본 움직임 요소는 기본 동작/모이기라고 하지만 실제 놀이 활동을 살펴보면 한 발로 멀리 뛰는 이동 움직임 기술이 주된 내용임을 확인할 수 있습니다. 그렇다면 이 놀이의 목표는 어디에 두어야 할까요? 하나는 가위바위보 놀이를 하면서 도착점에 먼저 도달하는 즐거움 느끼기에, 또 하나는 두 발, 다섯 발, 열 발 뛰는 이동 움직임 기술 익히기에 둘 수 있습니다.

두 가지 모두를 동시에 실현하기 위해 교과서에서처럼 가위는 두 발, 바위는 다섯 발, 보는 열 발로 하면 상대와 거리 차이가 너무 많이 나서 가위바위보 자체가 불가능해지거나 소란스러워질 가능성이 있

하나, 둘, 셋, 넷, 다섯!

다섯 발 기준선

그림 4-5 · **한 발 뛰기**

습니다. 한 팀이 끝마칠 때까지 기다리기도 쉽지 않아 보입니다. 그래
서 가위바위보 놀이 활동과 한 발 뛰기 활동을 분리해 운영하는 방식
으로 재구성했습니다.

'가위바위보 놀이'는 간단합니다. 가위바위보를 해서 이기면 두

　　　　　　　　　　　　　초등 1학년 신체 활동의 모든 것

발 앞으로 나가고 먼저 도착점에 도달하면 이깁니다. 두 사람씩 해도 되지만 학생이 많다면 세 사람 혹은 네 사람이 같이 해 시간을 단축할 수 있습니다.

'한 발 뛰기' 놀이는 「학교」 단원의 '열 발 뛰기' 놀이를 변형한 활동입니다.

① 경쟁 활동 기본 배치에서 출발점을 원마커로 표시한다.
② 다섯 발의 기준선을 접시콘으로 표시한다.
③ 각 팀에서 한 사람씩 나와 다섯 발 멀리뛰기를 한다.
④ 각 팀 학생이 모두 할 때까지 계속한다.
⑤ 다섯 발의 기준선을 넘어간 학생의 수만큼 성공 점수를 준다.
⑥ 여섯 발, 여덟 발, 열 발 뛰기도 같은 방식으로 진행한다.

이 놀이에서 어느 팀이 성공 점수를 몇 점 얻었는지는 중요하지 않습니다. '나는 몇 번 성공했다'는 그 기억이 소중할 뿐입니다. 따라서 기준선을 너무 멀리 잡지 않아야 합니다. 대부분의 아이가 조금만 노력하면 성공할 수 있도록 기준선을 제시합니다.

5장

「우리나라」에서의 신체 활동

'우리는 어디서 살아갈까' 영역에서 '우리는 여러 공동체 속에서 생활한다'는 핵심 아이디어에 기반을 둔 단원입니다. 우리나라의 소중함을 알고 사랑하는 마음을 기르고(2바02-02), 우리나라의 모습이나 문화를 조사하며(2슬02-02), 우리나라의 문화 예술을 즐기고(2즐02-02), 즐겁게 놀이하며, 건강하고 안전하게 생활하는(2즐01-01) 내용 등으로 구성되어 있습니다. 2015 개정 교육과정에서는 2학기에 있던 내용이 1학기로 옮겨져서 낯설기는 하지만 내용 자체는 익숙해서 어느 정도 관계가 무르익은 1학년 학생들과 즐겁게 배울 수 있는 단원입니다.

「우리나라」 단원에서는 「학교」와 「사람들」 단원에서 나와 가족, 친구, 이웃에 관해 배운 내용을 토대로 우리나라의 공간적, 역사적, 문화적 특성들을 배웁니다. 신체 활동 역시 우리나라 놀이 문화를 기반으로 한 다양한 전래 놀이로 구성되어 있습니다. 교과서에 제시된 전래 놀이도 마찬가지로 낯선 것들이 아니라 쉽게 접근할 수 있고 교실에서 일상적으로 활용 가능한 놀이가 여럿 포함됩니다. 따라서 움직임 기술 관련 내용이나 주의점을 중심으로 간략하게 기술했습니다.

보물 친구 찾기 놀이

기본 움직임 요소	기본 동작/모이기
기본 움직임 기술	비이동 움직임
교과서 내용	• 호루라기 신호에 따라 모이고 흩어지는 놀이 • 보물 친구 찾기 놀이 하기
특징	• 「학교」 단원의 '나란히 놀이'와 연결되는, 신호에 맞게 모이고 흩어지는 놀이로 시작 • '보물 친구 찾기' 놀이는 '짝짓기' 놀이에서 이름만 바꾼 놀이
재구성	• 친구 모아 뛰기: 두 사람, 세 사람, 네 사람, 다섯 사람씩 늘려서 달리기 • 보물 친구 찾기 놀이: 교사가 불러 주는 숫자만큼 친구 모으기
재구성 활동 준비물	• 호루라기 또는 소고, 반환점 표시용 고깔
주의점	• 호루라기 신호에 따라 모이고 흩어지는 놀이는 단순한 만큼 쉽게 흥미가 떨어질 수 있음을 고려하기 • 보물 친구 찾기 놀이만 한다면 아이들이 금세 지루해 할 수 있다는 점 염두에 두기 • '보물 친구' 숫자를 채우지 못해 소외되는 학생이 없도록 약수 미리 생각해 두기

　'보물 친구 찾기' 놀이는 '짝짓기' 놀이입니다. 우리나라 보물찾기와 연계하려는 의도인지 명칭만 바꾼 것이라고 보면 됩니다. 문제는 놀이 규칙이 단순해서 쉽게 참여가 가능하지만, 모든 학생이 한 번에

참여하는 놀이라 여러 번 반복할 수 있고 따라서 쉽게 흥미를 잃는다는 점입니다. 이를 해결하기 위해 친구의 숫자를 늘려 가며 뛰는 '친구 모아 뛰기' 활동을 전반에 추가했습니다.

1) 친구 모아 뛰기

「사람들」단원의 '그물 놀이' 속 '친구 모아 걷기'에서 걷기를 뛰기로 바꾼 것입니다. 방법은 동일합니다. 친구의 수를 늘려 가면서 서로 호흡을 맞추어 걸으면 됩니다.

① 경쟁 활동 기본 배치에 맞게 정렬한다.

② 단계별로 정해진 인원이 나와 손을 잡고 걸어서 반환점까지 갔다가 돌아오는 릴레이 게임으로 진행한다.

③ 1단계: 각 팀에서 두 사람씩 나와 손을 잡고 뛴다.

④ 2단계: 각 팀에서 세 사람씩 나와 손을 잡고 뛴다.

⑤ 3단계: 각 팀에서 네 사람씩 나와 손을 잡고 뛴다.

⑥ 4단계: 각 팀에서 다섯 사람씩 나와 손을 잡고 뛴다.

⑦ 1~4단계를 축약해 두 사람, 네 사람, 여섯 사람으로 진행해도 된다.

2) 보물 친구 찾기 놀이

① 모두 손을 잡고 노래를 부르며 돈다.

② 교사가 호루라기 소리와 함께 숫자를 외치면 학생들은 숫자에 맞게 친구를 모은다.

③ 전체 학생 수의 약수를 무작위로 외치면 누구도 소외되지 않고 즐겁게 놀이에 참여할 수 있다.

④ 약수를 찾기 어려운 인원이라면 "두 사람 이상", "세 사람 이상"이라고 외친다.

⑤ 소극적이거나 민첩하지 못한 아이들이 놀이에서 먼저 배제되는 것이 아니라 함께해야 숫자가 완성된다는 사실을 확인하는 방식으로 진행한다.

거울 놀이

기본 움직임 요소	몸풀기
기본 움직임 기술	비이동 움직임
교과서 내용	• 태권도 기본 동작 살펴보기 • 거울 놀이 방법 알아보기 • 태권도를 접목해 거울 놀이 하기
특징	• 아래막기, 주먹 지르기, 얼굴막기 등 태권도 기본 동작을 거울처럼 따라 하는 활동 • 태권도의 기본 동작을 배우는 경험 제공

재구성	• 거울 모드 준비운동: 거울 모드로 준비운동 따라 하기 • 거울 모드 동물 놀이: 거울 모드로 동물 따라 하기 • 거울 모드 탈춤 놀이/태권무: 거울 모드로 탈춤 놀이 따라 하거나 태권무 동작 배우기
재구성 활동 준비물	• 호루라기 또는 소고, 음악
주의점	• 스마트폰 카메라의 '거울 모드'를 예로 들어 학생들이 이해하기 쉽게 설명하기 • '거울 모드 준비운동'은 교사의 준비운동을 거울 모드처럼 따라 따라 하는 놀이이므로 신체 활동 시간마다 활용하기 • 탈춤, 태권도, 마임 등 다양한 소재를 '거울 모드' 놀이에 적용하기

교과서와 지도서에서는 태권도에 대한 기본 지식과 동작을 배운 다음 둘씩 짝을 지어 한 사람이 하는 동작을 상대방이 따라 하라고 설명합니다. 그다음 팀별 거울 놀이, 학급 전체 거울 놀이를 진행하도록 안내하고 있습니다. 그러나 초등학교 1학년 교실에서 모방하기는 교사를 따라서 학급 전체가, 팀별로, 짝을 지어 하는 순서로 진행되어야 합니다. 둘씩 짝을 지어 시작할 수 있으려면 학생 절반이 무엇을 해야 하는지 정확하게 알고 있어야 합니다. 그러나 그것이 가능한 1학년 교실은 거의 없습니다. 1학년 교실에서 교사의 모델링이 중요한 이유입니다.

1) 거울 모드 준비운동

거울 모드 준비운동은 저학년 학생들이 매우 재미있어하는 놀이입니다. 몸풀기 준비운동을 할 때 교사를 따라서 거울 모드로 움직여야 한다는 규칙을 알려 줍니다. 걷는 속도를 달리해 제자리걸음을 하거나 오리처럼 뒤뚱거리며 걷고, 말처럼 달리다가 만화영화 속 짱구처럼 걸으면서 즐겁게 준비운동을 합니다. 다리 운동, 팔 운동, 어깨 운동, 스트레칭, 숨 고르기까지 모두 거울 모드로 진행할 수 있습니다.

2) 거울 모드 동물 놀이

교사가 동물 하나를 정해 흉내 내면 모두 따라 하는 놀이입니다. 이어서 자원한 학생이 앞으로 나와 원하는 동물을 흉내 내면 다른 학생들이 따라 합니다. 시간이 허락하는 범위에서 희망하는 학생이 있을 때까지 계속합니다.

3) 거울 모드 탈춤 놀이/태권무

노래 〈탈춤 놀이〉에 맞춘 탈춤 동작이나 '딩동 태권도' 같은 태권무 동작을 배우는 활동입니다. 교사가 태권도 기본 동작을 잘한다면, 혹은 잘하는 아이가 있다면 태권도를 하면 되고, 탈춤 놀이를 선호하면 탈춤 놀이로 하면 됩니다. 우리나라 전통문화와 연관된 것을 하면 좋겠지만 어려울 시 다른 소재를 가져와서 거울 놀이를 진행합니다.

▪ '탈춤' 놀이 영상 [출처: 유튜브 채널 '펌킨도넛']

▪ '태권무' 영상 [출처: 유튜브 채널 '딩동댕유치원']

 씨름

기본 움직임 요소	밀기/당기기/균형 잡기
기본 움직임 기술	비이동 움직임
교과서 내용	• 씨름에 대한 경험 나누기 • 돼지 씨름, 팔씨름, 눈씨름 놀이 하기
특징	• 우리나라 민속놀이 중 하나인 씨름에 대해 알아보고, 변형 놀이인 돼지 씨름, 팔씨름, 눈씨름 놀이를 즐기는 활동 • 돼지 씨름이나 팔씨름은 버티기, 넘기기 등 힘을 이용한 비이동 움직임 기술을 사용한다는 측면에서 씨름과 속성이 유사
재구성	• 눈씨름: 눈 깜빡이지 않고 버티기 • 팔씨름 왕: 토너먼트로 팔씨름 최종 우승자 뽑기 • 돼지 씨름 왕: 교사에게 도전해서 이기기
재구성 활동 준비물	• 호루라기 또는 소고, 책상(1개), 의자(2개)
주의점	• 눈씨름은 둘씩 짝을 지어 2~3회 도전하기 • 팔씨름은 체격이 비슷한 학생끼리 토너먼트로 진행하되 토너먼트마다 교사가 지도해 학생들이 무리하지 않도록 안내하기 • 돼지 씨름은 학생들끼리 하기에 여러 위험이 따르므로 교사와 학생 한 명이 경기하는 방식으로 운영하고, 학생들이 버티고 넘기는 기술을 어느 정도 습득하면 학생 간 놀이로 이행하기

교과서와 지도서에서는 씨름과 관련한 경험을 나눈 다음 돼지 씨름, 팔씨름, 눈씨름 놀이로 연결하라고 안내합니다. 실제 수업을 준비하면서는 간단한 눈씨름에서 시작해 팔씨름, 돼지 씨름 순서로 진행하도록 변경했습니다. 돼지 씨름처럼 온 힘을 써야 하는 활동을 한 다음 팔씨름이나 눈씨름으로 넘어가면 돼지 씨름의 여운이 남아서 활동에 집중하기 어렵기 때문입니다.

1) 눈씨름

'눈씨름'은 눈싸움입니다. 옆에 있는 친구와 짝을 지어 학급 전체가 동시에 시작할 수 있습니다. 이긴 사람은 손을 들라 하고, 잠시 눈을 깜박이면서 쉬는 시간을 갖게 한 다음 한 번 더 도전할 기회를 줍니다. 놀이 방법이 간단해 쉬는 시간에 아이들끼리도 얼마든지 할 수 있으므로 맛보기로만 합니다.

2) 팔씨름 왕

교사의 안내에 따라 키 순서대로 성별 구분 없이 토너먼트로 진행하는 활동입니다. 교실 가운데에 책상과 의자를 준비하고 교사가 심판을 봅니다. 그렇게 토너먼트로 최종 우승을 한 학생이 팔씨름 왕이 됩니다. 팔씨름 왕은 모든 학생에게 도전장을 받을 수 있습니다. 쉬는 시간이나 점심 시간에 도전장을 내미는 학생이 있으면 교사가 심판을 보고 승패 여부를 판정합니다.

3) 돼지 씨름 왕

학생들끼리 '돼지 씨름'을 하게 하면 1학년 아이들 대부분은 어떻게 하는 줄 몰라 엉덩이만 끌면서 돌아다닙니다. 그래서 교사와 학생이 일대일 승부를 하면서, 힘을 써서 버티고 넘기는 기술을 경험하게 합니다. 교사를 이기는 아이들은 거의 없습니다. 어쩌다 있어도 상관없습니다. 이제 반 아이들은 그 아이를 상대로 도전장을 내밀게 되니까요. 그렇게 몇 주간 돼지 씨름 판이 벌어지면 아이들 저마다 직접 경험하거나 관찰하면서 힘 쓰는 기술을 익히고 모방하게 됩니다. 그때 아이들끼리 하는 돼지 씨름 판을 엽니다. 힘을 써서 버티고 넘기는 기술을 숙달하면 크게 다치지 않습니다. 위험을 다루는 기술이 늘었기 때문입니다.

기본 움직임 요소	밀기/당기기/균형 잡기
기본 움직임 기술	비이동 움직임

교과서 내용	• 비사치기 놀이 방법 익히기 • 한 발 뛰기, 던지기, 떡장수, 신문 배달, 배 치기, 턱 치기, 발등 치기 놀이 하기
특징	• 교육과정에는 비이동 움직임(균형 잡기)으로 배치해 놓았지만 겨냥하기, 던지기, 맞추기와 같은 조작 움직임 기술과 매우 밀접한 놀이 활동 • 여러 단계의 놀이 방법이 있으므로 적절하게 선택해 활용 가능
재구성	• 던지기: 출발선에서 비석 던져 맞추기 • 한/두/세 발 뛰기: 한/두/세 발에 뛸 수 있는 거리에 비석 던지고 한/두/세 발로 뛴 다음 그 자리에서 비석 맞추기 • 발등 치기: 발등 위에 비석을 올린 채로 걸어가 세워진 비석 맞추기 • 무릎 치기: 양 무릎 사이에 비석을 끼운 채로 걸어가 세워진 비석 맞추기 • 배/어깨/턱 치기: 배/어깨/턱에 비석 올린 채로 걸어가 세워진 비석 맞추기 • 떡장수: 머리 위에 비석을 올린 채로 걸어가 세워진 비석 맞추기
재구성 활동 준비물	• 마스킹 테이프, 비석(한 사람당 1개)
주의점	• 대상을 겨냥해 맞추는 기술이 현저히 떨어지는 학생들이 점차 늘고 있으므로 틈날 때마다 유사한 놀이할 기회 제공하기 • 성공 여부에 초점을 맞춰 놀이를 진행하면 잘하는 학생들이 기회를 독점하고 기술이 부족한 아이들에게는 기회가 주어지지 않으므로 이를 방지할 적절한 방법 찾기

비사치기는 넓은 체육관보다는 교실에서 하는 것이 좋습니다. 학생이 교실에 ㄷ자로 둘러앉으면 가운데가 놀이 공간이 됩니다. 둘러앉은 학생들은 친구들이 하는 놀이를 지켜보면서 관찰을 통해 놀이 방법을 스스로 익히게 됩니다. 나보다 높은 단계에 오른 친구들의 활

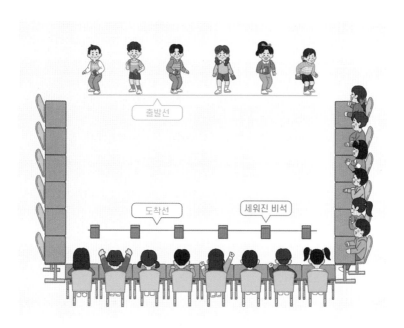

그림 5-1 · **비사치기**

동 모습을 통해 다음 단계에 대한 전략을 연습할 수도 있습니다. 겨냥하여 맞추는 기술이 부족해서 계속 1단계에만 머무르는 학생들에게도 기회를 주고자 다음과 같이 놀이를 진행합니다.

① 마스킹 테이프로 도착선과 출발선을 만든다.
② 비석 6개를 도착선 바로 뒤에 세워 둔다. 이 비석은 항상 세워져 있는 비석이다.

③ 선수 여섯 명이 입장해 각자 1개의 비석을 손에 들고 출발선에 발을 올린다.

④ 1단계: 던지기. 출발선에 서서 비석을 던져 세워져 있는 비석을 맞추어 쓰러뜨린다. 성공한 학생은 2단계, 성공하지 못한 학생은 1단계에 머무른다. 여섯 명씩 진행하며 모든 학생에게 참여할 기회를 준다.

⑤ 2단계: 한 발 뛰기. 출발선에서 각자 한 발에 뛸 수 있는 거리를 가늠해 그 위치로 비석을 던지고 한 발에 뛰어 자신이 던진 비석을 밟는다. 한쪽 다리로 균형 유지하며 비석을 잡은 다음 세워진 비석을 맞춘다.

⑥ 3단계: 두 발 뛰기. 출발선에서 각자 두 발에 뛸 수 있는 거리를 가늠해 그 위치로 던지고 두 발에 뛰어 자신이 던진 비석을 밟는다. 한쪽 다리로 균형 유지하며 비석을 잡은 다음 세워진 비석을 맞춘다.

⑦ 4단계: 세 발 뛰기. 출발선에서 각자 세 발에 뛸 수 있는 거리를 가늠해 비석을 그 위치로 던지고 세 발에 뛰어 자신이 던진 비석을 밟는다. 한쪽 다리로 균형 유지하며 비석을 잡은 다음 세워진 비석을 맞춘다.

⑧ 5단계: 발등 치기. 출발선에서 발등 위에 비석을 올리고 도착선까지 걸어간 다음 발등으로 비석을 던져 세워진 비석을 친다.

⑨ 6단계: 무릎 치기. 출발선에서 무릎 사이에 비석을 끼우고 도착선까지 걸어간 다음 무릎을 벌려 세워진 비석을 친다.

⑩ 7단계: 배 치기. 출발선에서 배 위에 비석을 올리고 도착선까지 걸어간 다음 상반신을 세우고 비석을 떨어뜨려 세워진 비석을 친다.

⑪ 8단계: 어깨 치기. 출발선에서 어깨 위에 비석을 올리고 도착선까지 걸어
  간 다음 비석을 떨어뜨려 세워진 비석을 친다.

⑫ 9단계: 턱 치기. 출발선에서 턱과 목 사이에 비석을 끼고 도착선까지 걸
  어간 다음 비석을 떨어뜨려 세워진 비석을 친다.

⑬ 10단계: 떡장수. 출발선에서 머리 위에 비석을 올리고 도착선까지 걸어
  간 다음 비석을 떨어뜨려 세워진 비석을 친다.

⑭ 실패한 아이들은 다음 기회에 1단계에 다시 도전하고, 성공한 아이들
  은 다음 기회에 2단계에 도전한다. 진행하면서 계속 단계가 분화된다.
  1단계에서의 실패 경험이 누적되면 교사가 개별지도를 함으로써 1단계
  를 넘어설 수 있게 돕는다.

1학년 교실에서 10단계까지 가는 길을 험난합니다. 아무리 움직
임 기술이 발달한 아이라도 여러 번의 실패를 통해 한 단계씩 올라갑
니다. 교사용 지도서에는 12단계의 비사치기 놀이를 제시하고 있는
데 좀 더 간략하게 정리해서 10단계를 제시했습니다. 이보다 더 줄여
서 5단계 비사치기로 운영할 수도 있습니다. 교실의 상황과 조건, 아
이들의 발달 등을 고려해 운영하면 됩니다.

딱지치기

기본 움직임 요소	도구 활용
기본 움직임 기술	조작 움직임
교과서 내용	• 딱지 접기(도움 자료 활용) • 딱지치기 놀이 하기
특징	• 종이로 딱지 접는 방법 익히는 놀이 • 딱지 내리치는 힘을 이용해 바닥에 놓인 딱지 뒤집는 기술 습득
재구성	• 딱지 접기: 우유갑으로 딱지 접고 꾸미기 • 딱지치기: 친구와 딱지치기 • 우유 딱지 팽이 놀이: 딱지를 팽이처럼 돌리기
재구성 활동 준비물	• 씻어서 말린 우유갑(한 사람당 2~3개), 네임펜 또는 유성 매직
주의점	• 교과서에 도움 자료로 제공된 딱지는 얇아 쳐서 넘기기 어려우므로 가정으로 보내 집에서 접어 보게 하고, 수업 시간에는 우유갑으로 딱지 접게 하기 • 우유갑을 미리 씻어서 말려 놓아야 필요할 때 사용 가능하다는 점 기억하기 • 가위질을 잘못해서 딱지를 접지 못하기도 하므로 한 사람당 우유갑 2~3개 준비하기

　　요즘 1학년 아이들도 딱지치기는 잘 압니다. 내리칠 때 힘을 조절하는 기술이 덜 발달해서 어려움은 있지만 우유갑으로 만든 딱지는 도움 자료로 만든 딱지처럼 얇지 않고 불룩해 딱지치기에 활용하기 좋

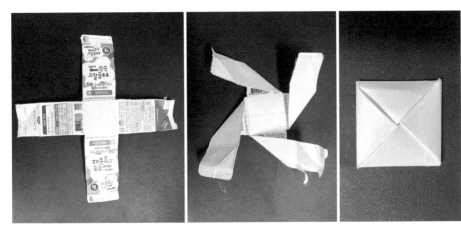

그림 5-2 · **우유갑으로 딱지 접기**

습니다. 우유갑으로 딱지 접는 방법은 다음과 같습니다.

① 빈 우유갑을 물로 깨끗이 씻어서 햇볕에 말린다.

② 말린 우유갑의 세로 모서리 네 곳을 가위로 자른다(1학년 아이들은 바닥까

　지 자르기를 어려워하므로 교사가 도움을 준다).

③ 십자 모양으로 펼쳐서 안쪽 흰색 면이 바닥을 향하게 한 다음 날개를 표

　창 모양으로 접는다.

④ 접어서 남은 부분은 가위로 잘라 낸다.

⑤ 날개를 한쪽으로 접어 끼운다.

⑥ 딱지에 이름을 쓰고 유성 매직으로 색칠하거나 그림을 그린다.

그림 5-3 · **멋지게 꾸민 딱지로 팽이 돌리기**

    교사가 한 단계씩 설명하면서 어려워하는 아이들을 도와주며 완성하고, 두 번째 딱지는 스스로 만들어 볼 수 있도록 아이들에게 기회를 줍니다. 잘 접는 친구들이 도움을 줄 수도 있습니다. 딱지 2개를 먼저 완성한 아이들은 둘씩 짝을 지어 교실 곳곳에서 딱지치기를 하게 합니다. 딱지치기 경기를 하기보다 딱지치기하는 방법을 연습할 기회를 주는 것입니다. 실제 딱지치기 놀이는 쉬는 시간이나 점심 시간 같은 여유 시간에 할 수 있게 합니다.

    모든 학생이 2개의 딱지를 완성하면 자리에 앉아 책상 위에서 딱지로 팽이 돌리기를 합니다. 딱지의 불룩하게 튀어 오른 부분을 바닥에 두고 양 손가락을 이용해 돌리면 멋진 팽이가 됩니다. 이렇게 딱지

                                                 초등 1학년 신체 활동의 모든 것

라는 물체를 고정된 기능으로 보지 않고 유연하게 사고할 수 있게 하면 아이들의 창조력은 빛을 발합니다. 딱지로 팽이 돌리기를 할 때 좀 더 멋진 무늬를 만들고 싶은 아이들은 다양한 색과 모양으로 딱지를 꾸미거나 남은 우유갑을 이용해 날개를 붙입니다. 또한 우유갑 2개를 겹쳐서 딱지를 더 불룩하게 만들기도 합니다.

수건돌리기

기본 움직임 요소	걷기/달리기
기본 움직임 기술	이동 움직임
교과서 내용	• 수건돌리기 규칙 익히기 • 수건돌리기 신체 활동 연습하기: 걷다가 달리기, 달리다가 멈추기 • 수건돌리기 놀이 하기
특징	• 달리다가 멈추고, 다시 달리는 연속되는 이동 움직임 기술 • 수건돌리기를 통해 습득하는 놀이 규칙
재구성	• 걷다가 달리기: 걷다가 달리기 릴레이로 진행하기 • 달리다가 멈추기: 달리다가 멈추기 릴레이로 진행하기 • 수건돌리기: 수건돌리기하기
재구성 활동 준비물	• 호루라기 또는 소고, 원마커, 반환점 표시용 고깔, 수건 또는 작은 헝겊 인형

주의점	• 직선 달리기와 곡선 달리기의 차이 인식하기 • 수건돌리기를 할 때 사용할 노래 미리 준비하기 • 모든 학생이 한 번씩 기회를 가질 수 있게 수건을 한 번도 받지 않은 친구에게 수건을 놓아야 한다는 규칙 설명하기

수건돌리기는 걷기와 달리기, 멈추기 같은 이동 움직임 기술을 연습하기에 좋은 놀이입니다. 걷다가 달리거나 멈추었다가 다시 달리는 동작은 직선 경로보다 곡선 경로에서 하기가 더 어렵습니다. 동작을 제어하는 데 더 많은 에너지과 움직임 기술이 필요하니까요. 먼저 직선에서 걷다가 달리기, 달리다가 멈추기 연습을 하고 수건돌리기를 하면서 곡선 경로에서 적용해 볼 수 있게 활동을 재구성했습니다.

1) 걷다가 달리기

① 경쟁 활동 기본 배치에 맞게 정렬한다.

② 출발점과 반환점 사이에 원마커 3개를 빨강, 파랑, 노랑 순서로 일정 간격에 맞게 놓는다.

③ 출발점에서부터 걷기 시작해 빨강 원마커를 찍은 후에는 달리고, 파랑 원마커를 찍은 후에는 걷고, 노랑 원마커를 찍은 후에는 달리다가 반환점을 돈 다음 직선으로 달려서 들어온다.

④ 다음 선수의 손을 터치하는 방식으로 릴레이를 이어 간다.

2) 달리다가 멈추기

① 걷다가 달리기와 동일한 형식으로 진행됨을 안내한다.

② 출발점에서부터 달리기 시작해 빨강 원마커를 찍은 후에는 멈추고, 다시 달려서 파랑 원마커를 찍은 후에는 멈추고, 다시 달려서 노랑 원마커를 찍은 후에는 멈추고 다시 달리다가 반환점을 돈 다음 직선으로 달려서 들어온다.

③ 다음 선수의 손을 터치하는 방식으로 릴레이를 이어 간다.

3) 수건돌리기

① 원마커를 학생 수보다 하나 적게 준비해 원 모양으로 놓는다.

② 교사와 학생들이 가위바위보를 해 술래를 정한다.

③ 술래를 제외한 학생들은 원마커 위에 앉는다.

④ 노래가 시작되면 술래는 수건 또는 작은 헝겊 인형을 들고 돌다가 친구 뒤에 놓는다.

⑤ 수건이 놓였음을 눈치챈 학생은 수건을 들고 달리고 술래는 빈자리에 앉는다. 술래가 빈자리에 앉기 전에 잡히면 벌칙을 받는다.

⑥ 교사는 모든 학생이 수건을 받을 수 있게 수건을 받지 않은 친구에게만 수건을 놓아야 한다는 규칙을 계속해서 설명한다. 소수가 남았을 때는 누가 아직 수건을 받지 못했는지 명시적으로 알려 준다.

꼬리 따기

기본 움직임 요소	걷기/달리기
기본 움직임 기술	이동 움직임
교과서 내용	• 꼬리 따기에 필요한 움직임 연습하기: 신호에 맞추어 느리거나 빠르게 걷거나 뛰기 • 꼬리 따기 놀이 하기
특징	• 걷다가 달리고, 달리다가 걷는 이동 움직임 기술 • 꼬리 따기를 통해 놀이 규칙 습득
재구성	• 둘/넷/여섯이 걷다가 달리기: 두 사람, 네 사람, 여섯 사람이 걷다가 달리기 게임 하기 • 꼬리 따기: 꼬리 따기 하기 • 꼬리 잇기: 가위바위보로 꼬리 잇기 하기
재구성 활동 준비물	• 호루라기 또는 소고, 원마커, 반환점 표시용 고깔
주의점	• 앞사람의 어깨에 손을 올리거나 허리(옷)를 잡는 방법으로는 꼬리 따기가 불가능하다는 점 기억하기. • 앞사람의 허리를 두 팔로 감싼 후 손깍지를 껴야 달려도 꼬리가 끊어지지 않음을 안내하기 • 여러 사람이 연결된 꼬리가 속도에 맞게 한 호흡으로 움직이지 못하면 다 같이 넘어지면서 안전사고가 발생할 가능성이 매우 높으므로 주의하기 • 활동 장소에 위험이 될 만한 물건들을 모두 치워 넘어져도 부딪힘이나 찍힘 사고 발생하지 않게 하기 • 위험 부담을 해소하기 어렵다면 꼬리 잇기로 대체해 진행하기

초등 1학년 신체 활동의 모든 것

교과서에서는 앞사람의 어깨 위에 가볍게 손을 올리고도 꼬리 따기가 가능한 것처럼 묘사하고 있지만 실제 꼬리 따기는 그런 방식으로 진행이 불가능합니다. 맨 앞사람(선두)이 한 발 움직이면 뒤에 있는 꼬리는 대여섯 걸음을 움직여야 대형이 유지되기 때문에 '앞만 보고 달려가는' 1학년 아이들의 특성상 이 놀이를 그대로 실행하기는 매우 어렵습니다. 그래서 둘/넷/여섯이 앞사람의 몸통을 잡고 걷거나 달리기가 얼마나 어려운지 먼저 연습해 보고 꼬리 따기를 할지, 꼬리 잇기로 대체할지 결정하는 방식으로 재구성했습니다.

1) 둘/넷/여섯이 걷다가 달리기

① 경쟁 활동 기본 배치에 맞게 정렬한다.

② '수건돌리기'에서 소개한 '걷다가 달리기'와 마찬가지로 출발점과 반환점 사이에 원마커 3개를 빨강, 파랑, 노랑 순서로 일정 간격에 맞게 놓는다.

③ 각 팀에서 두 사람씩 나와 앞사람의 허리를 두 팔로 감싼 후 손깍지를 낀다(간지럽다고 못하겠다는 아이가 많을 수 있다).

④ 그 상태로 출발점에서부터 걷기 시작해 빨강 원마커를 찍은 후에는 달리고, 파랑 원마커를 찍은 후에는 걷고, 노랑 원마커를 찍은 후에는 달리다가 반환점을 돈 다음 직선으로 달려서 들어온다.

⑤ 둘로 성공하면 넷으로, 넷으로 성공하면 여섯으로 꼬리를 만들어 게임을 진행한다.

그림 5-4 · 둘이 걷다가 달리기

⑥ 두 사람, 네 사람, 여섯 사람이 꼬리 대형을 만들기 위해서는 시간이 필요하므로 릴레이로 진행하지 않는다.

2) 꼬리 따기

① 두 팀으로 나누어 선두를 정한 후 선두 뒤로 키 순서에 맞게 정렬한다(이렇게 하면 키가 작은 학생도 부담이 적고, 안전사고 예방에도 도움이 된다).
② 두 팀의 꼬리가 연결되면 박자에 맞추어 걷는 연습을 한다.
③ 어슬렁어슬렁 걷다가 교사가 호루라기로 신호를 주며 "꼬리 따세요"라고 외치면 상대 팀의 꼬리를 잡는다(선두에게 꼬리가 움직이는 것을 보면서 이동해야 한다고 안내한다).
④ 꼬리가 먼저 끊어지는 팀이 패배하는 놀이이므로 꼬리를 안전하게 유지하는 것이 중요하다는 점을 설명한다.

3) 꼬리 잇기

① 모두 손을 잡고 원형으로 서서 노래에 맞추어 빙글빙글 돈다.
② 교사가 호루라기로 신호를 보내면 멈추고 옆의 친구와 가위바위보를 한다.
③ 진 사람이 이긴 사람 뒤에 서서 어깨에 손을 올린다.
④ 다시 노래에 맞추어 이리저리 자유롭게 움직인다.
⑤ 교사의 멈춤 신호와 함께 옆의 팀과 선두끼리 가위바위보를 한다.

⑥ 이긴 팀 뒤에 진 팀이 꼬리를 잇는다.

⑦ 두 팀이 남을 때까지 계속 반복한다.

⑧ 마지막 두 팀 가운데 가위바위보를 해서 이긴 팀이 최종 승리한다.

판 뒤집기

기본 움직임 요소	도구 활용
기본 움직임 기술	조작 움직임
교과서 내용	• 판 뒤집기 놀이 방법 익히기 • 판 뒤집기 놀이 하기
특징	• 짧은 시간 동안 진행되지만 재빨리 앉아서 판을 뒤집고 다른 판을 찾아 이동하는 활동인 만큼 많은 에너지 필요 • 판을 뒤집기 위해 이동할 때 발생할 수 있는 부딪침 사고의 가능성 존재
재구성	• 판 뒤집기 연습 1-2-3: 달리다가 판을 뒤집고 다시 달리는 릴레이 게임 하기 • 판 뒤집기: 팀을 나누어 판 뒤집기 하기
재구성 활동 준비물	• 호루라기 또는 소고, 양면 색이 다른 판(한 사람당 4개), 반환점 표시용 고깔
주의점	• 판을 뒤집기 위해 이동할 때 친구들과 부딪치지 않게 주의하도록 안내하기

- 양면 색이 다른 판의 갯수가 충분하지 않거나 공간에 비해 학생 수가 많을 때는 각 팀을 두세 모둠으로 나누어 1차전(각 팀 1모둠 출전), 2차전(각 팀 2모둠 출전), 3차전(각 팀 3모둠 출전)으로 진행해 정해진 시간(약 1분) 동안 참여하게 하기

판 뒤집기는 1학년 학생 대부분이 유아 교육기관에서 이미 경험한 익숙한 놀이입니다. 도구를 활용한 조작 움직임으로 분류해 놓았지만, 판이라는 도구를 조작하는 기술보다는 목표물을 찾아 민첩하게 자리를 옮기고 앉았다 섰다, 구부렸다 폈다 하는 동작을 지속하는 이동 움직임 기술이 많이 필요한 활동입니다. 이를 반영해 몸을 구부리거나 앉아서 판을 뒤집고 다시 뛰어서 목표물을 향해 이동하는 연습을 위한 릴레이 게임을 먼저 경험해 보는 것으로 재구성했습니다.

1) 판 뒤집기 연습 1-2-3

① 경쟁 활동 기본 배치에 맞게 정렬한다.

② 출발점과 반환점 사이에 판 하나를 놓는다.

③ 각 팀 선수가 출발점에서 출발해 달리다가 판이 있는 곳에 멈추어 판을 뒤집고 반환점을 돌아 달려 들어오다가 판 앞에 멈추어서 판을 다시 한 번 뒤집고 달려 들어온다.

④ 다음 선수의 손을 터치하는 방식으로 릴레이를 이어 간다.

⑤ 한 게임이 끝나면 판의 수를 2개로 늘려 동일한 방식으로 진행한다.

⑥ 그다음에는 판의 수를 3개로 늘려 동일한 방식으로 진행한다.

⑦ 반드시 3개까지 늘려서 할 필요는 없으며 상황에 맞게 진행한다.

2) 판 뒤집기

① 한 사람당 판을 4개씩 나누어 준다. 한 사람씩 체육관 가운데로 달려가
자기 팀 색에 맞게 판을 내려놓고 돌아온다. 이때 다른 친구가 내려놓은
판을 뒤집지 않게 한다(교사가 판을 미리 펼쳐 놓아도 된다).

② 판이 모두 준비되면 각 팀을 두 모둠으로 나눈다.

③ 시작 신호와 함께 각 팀의 1모둠이 달려가 1분 동안 판을 뒤집는다.

④ 종료 신호와 함께 손을 머리 위에 올리고 자리로 돌아온다.

⑤ 대열이 정비되면 시작 신호와 함께 각 팀의 2모둠이 달려가 1분 동안 판
을 뒤집는다.

⑥ 번갈아 가면서 계속한다.

⑦ 최종 종료 신호와 함께 게임을 마치고 팀별로 뒤집힌 판의 수를 세어 비
교한다.

6장

「탐험」에서의 신체 활동

'우리는 어디서 살아갈까' 영역에서 '우리는 삶의 공간을 넓히며 생활한다'는 핵심 아이디어에 기반을 둔 단원입니다. 새로운 활동에 호기심을 갖고 도전하고(2바02-04), 궁금한 세계를 다양한 매체로 탐색하며(2슬02-04), 다양한 세상을 상상하고 표현하고(2즐02-04), 즐겁게 놀이하며, 건강하고 안전하게 생활하는(2즐01-01) 내용 등으로 구성되어 있습니다. 우주와 바다 탐험을 중심으로 무엇을 타고, 입고, 가져갈지 궁리해 보고, 도착한 곳에서 어떻게 지낼지, 어떤 소리가 들릴지, 어떤 물건들이 있을지 상상합니다.

「탐험」단원에서는 '우리나라'라는 고정된 공간을 넘어 새로운 세계로 공간을 확장해 모험과 도전, 상상력과 호기심을 자극합니다. '탐험'과 함께하는 신체 활동 역시 새로운 도구에 대한 탐색과 조작 움직임 기술을 습득하는 내용이 담겨 있습니다. 공, 원반, 콩 주머니, 장애물과 같은 물체를 조작하면서 나의 몸을 넘어서는 탐험 활동을 이어 갈 수 있습니다.

기본 움직임 요소	던지기/차기/치기

기본 움직임 기술	조작 움직임
교과서 내용	• 공을 위로 던지거나 바닥으로 튀기거나 힘의 강도를 다르게 해 다뤄보는 탐색 활동 하기 • 공 던지고 받기 놀이 하기
특징	• 공의 물성을 탐색하며 공을 조작하는 움직임 기술 익히는 활동 • 공 조작 기술을 바탕으로 하는 던지고 받기 놀이
재구성	• 공 던지고 달리기: 공을 던지고 달려가서 공을 주운 다음 반환점을 돌아 달려오는 릴레이 게임 하기 • 공 튀기고 달리기: 공을 바닥에 튀기고 달려가서 공을 주운 다음 반환점을 돌아 달려오는 릴레이 게임 하기 • 교사와 공 튀기고 받기: 교사가 튀긴 공을 받아 다시 교사에게 공을 튀기는 릴레이 게임 하기 • 짝과 공 튀기고 받기: 짝과 마주 보고 공을 튀겨 주고받는 연습 하기 • 공 튀기고 받기 릴레이: 짝과 마주 보고 두 줄로 서서 공 튀기고 받기 릴레이 이어 가기
재구성 활동 준비물	• 호루라기 또는 소고, 고무공(두 사람당 1개), 반환점 표시용 고깔
주의점	• 처음부터 혼자서 공 던지고 받기를 하기보다는 교사와 일대일로 연습할 기회를 주면서 공의 물성 인식하게 하기 • 배구공 크기의 고무공 준비하기 • 상대방이 공을 잘 받을 수 있게 정확하게 던져야 한다는 점 안내하기

교과서에 제시된 활동처럼 모든 아이에게 공을 주고 각자 알아서 위로 던지고 받기, 바닥에 튀겨서 받기 등을 하도록 하면 자기맥락에서 따라 합니다. 그렇기에 교사가 안내하는 활동에 맞추어 공을 조작

하는 움직임 기술을 익힐 기회를 줘야 합니다. 사방에 흩어져서 공을 던지거나 튀기기보다는 순서에 맞게 릴레이 게임을 하면서 공을 던지고 튀기는 경험을 하도록 재구성했습니다.

1) 공 던지고 달리기

① 경쟁 활동 기본 배치에 맞게 정렬한다.

② 각 팀에서 한 사람씩 나와 출발점에서 공을 힘껏 던지고 달려가서 공을 잡고 반환점을 돌아온다.

③ 공을 다음 선수에게 전달하는 방식으로 선수를 교체해 릴레이를 이어 간다.

2) 공 튀기고 달리기

① 공 던지고 달리기와 동일하나 공을 바닥에 힘껏 튀긴 다음 달려가서 공을 잡고 반환점을 돌아오는 방법으로 진행한다.

② 공 던지고 달리기와 공 튀기고 달리기를 두 번가량 번갈아 연습한다.

3) 교사와 공 튀기고 받기

① 학생 간 간격을 넓게 유지하며 가로로 길게 선다. 원마커로 위치를 지정해 줄 수도 있다.

② 교사가 공 하나를 들고 튀겨서 1번 학생에게 주면 학생은 공을 받아서

그림 6-1 · **교사와 공 튀기고 받기**

다시 교사에게 튀긴다.

③ 교사는 1번 학생이 튀긴 공을 받아 2번 학생에게 튀기고, 2번 학생은 그 공을 받아 교사에게 튀긴다.

④ 1번부터 마지막 학생까지 반복해서 연습한다.

4) 짝과 공 튀기고 받기

① 교사와 공 튀기고 받기가 가능한 학생은 둘씩 짝을 지어 연습하게 한다. 공에 맞거나 친구와 부딪칠 위험이 있으므로 같은 색 원마커로 자리를 지정해 준다.

② 공 튀기고 받기가 잘 되지 않는 학생들은 교사와 집중적으로 연습한다.

초등 1학년 신체 활동의 모든 것

5) 공 튀기고 받기 릴레이

① 짝과 공 튀기고 받기가 어느 정도 가능해지면 짝과 마주 보고 두 줄로 선다.

② 교사는 1번 학생에게 공을 튀기고, 1번 학생은 그 공을 받아 2번 학생에게, 2번 학생은 3번 학생에게 공을 튀겨 릴레이를 이어 간다. 마지막 학생이 공을 받을 때까지 계속한다.

③ 공 튀기고 받기 릴레이 시간을 잰다. 시간을 단축해 기록을 갱신하는 도전 활동으로 이어 갈 수 있다.

원반 던지기

기본 움직임 요소	던지기/차기/치기
기본 움직임 기술	조작 움직임
교과서 내용	• 원반 던지고 받기 연습하기 • 원반 던지고 받기 놀이 하기
기본 움직임 기술	조작 움직임
교과서 내용	• 원반 던지고 받기 연습하기 • 원반 던지고 받기 놀이 하기

특징	• 우레탄이나 천 소재로 된 원반을 던지면서 원반의 물성 탐색 • 원반을 멀리 던지기에 좋은 자세 연습
재구성	• 원반 던지고 달리기: 원반 던지고 달려가 원반 잡고 돌아오기 • 원반 받기: 교사가 던지는 원반 받기 • 날아오는 원반 피하거나 받기: 교사가 날리는 원반 피하거나 받기 • 목표선까지 원반 던지기: 정해진 지점까지 원반 던지기
재구성 활동 준비물	• 호루라기 또는 소고, 원반(한 사람당 1개), 원마커, 반환점 표시용 고깔, 접시콘
주의점	• 원반은 맞아도 아프지 않으므로 겁내지 않아도 된다고 설명하기 • 다리를 어깨너비로 벌리고 한 손으로 원반을 잡고 가슴 앞까지 당겼다가 허리를 돌리면서 수평으로 원반 던지는 자세 연습하기 • 박수 잡기와 양손 잡기 연습하기

원반은 날리는 각도와 힘의 세기에 따라 어디로 어떻게 날아갈지 예측하기 어려워 아이들이 좋아합니다. 원반이 바닥에 떨어져 굴러가면 아이들도 원반을 따라 조르르 달려가는 모습이 재미있기도 합니다. 우레탄 소재도 좋지만 천으로 된 것이 더 가볍고 맞아도 덜 아프므로 천으로 된 원반을 추천합니다.

교과서 속 활동은 자세를 연습한 다음 곧장 학생들이 짝을 지어 연습하는 것으로 구성되어 있습니다. 기본 움직임 기술이 잘 발달되고 원반의 조작적 특성을 이해하는 학생들이 절반 이상이라면 바로 원반 던지고 받기 활동을 시작해도 됩니다. 하지만 실제로는 그렇지 않은 경우가 대부분이라 원반 마음껏 던지고 받기, 교사의 안내에 따라 원반 받기 연습하기 등으로 재구성했습니다.

1) 원반 던지고 달리기

① 경쟁 활동 기본 배치에 맞게 정렬한다.

② 출발점에서 원반 던지고 원반의 낙하지점으로 달려가 원반 잡고 반환점을 돌아 달려온다.

③ 원반을 다음 사람에게 전달하는 방식으로 선수를 교체해 릴레이를 이어 간다.

④ 릴레이를 한 번 더 반복한다.

2) 원반 받기

① 학생 간 간격을 넓게 유지하며 가로로 길게 선다. 원마커로 위치를 지정해 줄 수도 있다.

② 박수 잡기(양팔을 앞으로 쭉 뻗은 상태에서 손바닥이 위아래로 마주 보게 해 날아오는 원반을 손뼉 치듯 잡기)와 양손 잡기(손모아장갑을 낀 것처럼 엄지와 네 손가락 사이에 원반이 들어오게 잡기)를 연습한다.

③ 교사는 원반 바구니를 옆에 두고 한 사람에게 하나씩 원반을 던진다. 학생은 박수 잡기와 양손 잡기 가운데 한 가지 방법으로 잡는다.

④ 모든 학생이 원반을 한 번씩 잡으면 원반을 모두 바구니에 담고 한 번 더

그림 6-2 · 박수 잡기와 양손 잡기

연습한다.

3) 날아오는 원반 피하거나 받기

① 원마커로 지정한 위치에 한 사람씩 선다.

② 교사가 한 사람에게 원반을 3개씩 던지면 학생은 그 원반을 잡거나 피한다.

③ 한 사람씩 돌아가면서 한다.

4) 목표선까지 원반 던지기

① 출발선에 원마커 10개를 일정 간격에 맞게 늘어놓는다.

② 열 사람이 원반을 하나씩 들고 원마커 위에 선다.

③ 교사는 1차 목표선을 접시콘으로 표시한다.

④ 시작 신호와 함께 원반을 목표선에 가깝게 던진다.

⑤ 목표선을 점차 멀리 이동하면서 반복한다.

콩 주머니 던지기 1

기본 움직임 요소	밀기/당기기/균형 잡기

기본 움직임 기술	비이동 움직임
교과서 내용	• 한 발로 서서 균형 잡기 연습하기 • 콩 주머니 던지기 놀이 하기
특징	• 한 발로 균형을 잡고 버티면서 조작 움직임하기가 주요 목표 • 콩 주머니 던지는 위치를 목표 지점에서 점차 멀어지게 함으로써 균형 잡고 겨냥해 목표물에 정확하게 던지는 움직임 기술 연습
재구성	• 던지고 달리기: 콩 주머니를 던진 다음 달려가 주워서 반환점 돌아오기 • 한 발 서기: 한 발로 서서 균형 유지하며 여러 동작 표현하기 • 콩 주머니 던지기: 한 발로 서서 목표물에 콩 주머니 던지기
재구성 활동 준비물	• 호루라기 또는 소고, 콩 주머니(한 사람당 2개), 훌라후프, 접시콘
주의점	• 한 발로 균형 잡기를 어려워하는 학생들이 점점 늘어나고 있다는 점 기억하기 • 신체 활동 시간뿐 아니라 틈날 때마다 한 발로 균형 잡는 여러 가지 동작 연습하기 • 목표 지점을 겨냥하고 힘의 강도와 방향을 조정해 정확하게 물체 던지는 활동에 익숙하지 않은 학생들이 수시로 연습할 수 있도록 기회 제공하기

'콩 주머니 던지기'라는 이름 때문에 콩 주머니를 목표 지점에 들어가도록 던지는 것이 활동의 목표처럼 보이지만 주요 움직임 요소는 균형 잡기이며, 한 발을 들고 균형 잡아 콩 주머니 던지기가 주요 움직임 기술입니다. 따라서 한 발로 서서 여러 동작을 할 때 균형을 유지할 수 있도록 연습해야 합니다.

먼저 콩 주머니의 물성을 체험할 수 있도록 던지고 달리기로 시작합니다. 출발점에서 콩 주머니를 던지고 달려서 콩 주머니를 집은 다음 반환점을 돌아 달려오는 릴레이 게임입니다. 콩 주머니를 힘껏 던졌을 때 어디까지 나가는지 확인해 보는 활동이기도 합니다.

그다음 한 발로 서서 균형을 잡는 '한 발 서기' 활동을 합니다. 모두가 교사를 바라보고 충분히 여유 있는 간격으로 서서 양팔을 옆으로 벌리고 한 발을 들어 균형을 잡습니다. 그 상태에서 허리를 숙이거나 팔 모양을 바꿔 가면서 균형 유지하는 방법을 체득하게 합니다. 반대쪽 발로도 똑같이 균형 잡는 연습을 합니다.

마지막으로 콩 주머니 던지기 놀이를 합니다.

① 경쟁 활동 기본 배치에 맞게 정렬한다.
② 출발점에서 2미터 떨어진 곳에 정지선을 표시하고 정지선 1미터 앞에 훌라후프를 둔다.
③ 팀별로 한 사람씩 나와서 콩 주머니 2개를 들고 출발점에 선다.
④ 출발점에서 한 발 뛰기로 정지선까지 간다.
⑤ 정지선 앞에 멈추어 서서 콩 주머니를 훌라후프 안쪽으로 하나씩 던진다.
⑥ 콩 주머니 2개를 모두 던진 다음 한 발 뛰기로 출발점에 되돌아온다.
⑦ 훌라후프에 콩 주머니를 많이 넣은 팀이 이긴다.

여러 가지 방법으로 걷기

기본 움직임 요소	걷기/달리기
기본 움직임 기술	이동 움직임
교과서 내용	• 두 발, 두 발과 엉덩이, 두 발과 두 손으로 걸어 보기 • 꽃게처럼 걷기와 곰처럼 걷기 놀이 하기
특징	• 종종걸음, 발끝걸음, 게걸음, 가재걸음 같은 다양한 걷기와 다르게 몸의 두 부분, 세 부분, 네 부분으로 걷는 모습을 상상하고 해 보는 것이 중심인 활동 • 꽃게처럼 걷기와 곰처럼 걷기로 평소 사용하지 않던 신체 부분 활용
재구성	• 3-4-5 걷기: 몸의 세 부분, 네 부분, 다섯 부분을 활용한 걷기 릴레이로 진행하기 • 꽃게처럼 걷기와 곰처럼 걷기: 꽃게처럼 옆으로 걷다가 곰처럼 네 발로 걷기
재구성 활동 준비물	• 호루라기 또는 소고, 반환점 표시용 고깔, 원마커
주의점	• 두 발과 엉덩이를 이용해 걸을 때 엉덩이를 끄는 것이 아니라 고관절을 함께 움직이면서 걷도록 이끌기 • 빠르게 걷기보다 안전한 속도로 움직이며 몸의 어느 부분을 사용하는지 인식하기 • 몸의 두 부분(다리)을 이용한 걷기는 일상적으로 많이 하므로 생략하고, 다섯 부분을 이용한 걷기 추가하기 • 직립보행은 인간이 지닌 특성임을 이해하고 네 발로 걷는 포유류의 움직임 관찰해 보도록 안내하기

초등 1학년 신체 활동의 모든 것

「사람들」단원의 '그물 놀이' 속 '여러 가지 걷기'에서 배운 종종걸음, 발끝걸음, 게걸음, 가재걸음 등과 달리 몸의 두 부분, 세 부분, 네 부분, 다섯 부분을 사용해 걷는 연습을 하고, 옆으로 가는 꽃게와 네 발로 가는 곰의 모습을 따라 걸어 보는 활동입니다. 이동 움직임 기술을 익히지만, 평소에 사용하지 않던 몸의 부분을 활용한다는 점에서 '탐험'이라는 주제와 걸맞게 구성된 듯합니다. 단순히 걷기만 하면 지루할 수 있어 다양한 걷기에 이어달리기를 접목해 재구성했습니다.

1) 3-4-5 걷기

① 경쟁 활동 기본 배치에 맞게 정렬한다.

② 출발점과 반환점 사이에 원마커 하나를 놓는다.

③ 1단계: 세 부분 걷기. 몸의 세 부분을 이용한 걷기로, 두 발과 엉덩이로 걷는다. 손은 바닥에 닿지 않게 양쪽 다리 위에 하나씩 올려놓는다. 원마커가 놓인 부분까지 세 부분 걷기로 이동하고 그다음부터는 일어나 뛰어서 반환점을 돌아 들어온다.

④ 2단계: 네 부분 걷기. 몸의 네 부분을 이용한 걷기로, 두 손과 두 발로 걷는다. 원마커가 놓인 부분까지 네 부분 걷기로 이동하고 그다음부터는 일어나 뛰어서 반환점을 돌아 들어온다.

⑤ 3단계: 다섯 부분 걷기. 몸의 다섯 부분을 이용한 걷기로, 두 발과 두 손, 엉덩이로 걷는다. 원마커가 놓인 부분까지 다섯 부분 걷기로 이동하고

그다음부터는 일어나 뛰어서 반환점을 돌아 들어온다.

2) 꽃게처럼 걷기와 곰처럼 걷기

① 꽃게처럼 옆으로 걷다가 반환점을 돌면서 곰처럼 두 발과 두 손을 이용해 네 발로 걷는다.

② 릴레이로 진행한다. 반환점이 너무 멀면 힘들고 시간이 많이 걸려 집중도가 떨어질 수 있으므로 아이들의 수준에 맞게 반환점 위치를 조정한다.

기본 움직임 요소	높이뛰기/멀리뛰기
기본 움직임 기술	이동 움직임
교과서 내용	• 원판(원마커) 활용한 놀이 하기 • 다리 만들기 놀이 하기
특징	• 「탐험」 단원의 주제에 맞게 미지의 세계에서 서로 협력하며 길을 개척해 목적지에 도달한다는 의미를 담은 놀이
재구성	• 원판 달리기: 원판을 밟으며 이동하는 릴레이 게임 하기 • 다리 만들기: 두 사람이 한 팀이 되어, 한 사람은 원판을 놓고 다른 한 사람은 원판으로 이동해 목적지에 도착한 후 함께 손을 잡고 달려 출발점으로 돌아오기

초등 1학년 신체 활동의 모든 것

재구성 활동 준비물	• 호루라기 또는 소고, 원판(20개 이상), 반환점 표시용 고깔
주의점	• 용암이 흐르는 화산 지대나 바다라고 가정하고 안전지대인 원판만 밟고 이동해야 하는 상황 상상하게 하기 • 다리 만들기를 할 때 원판으로 다리를 놓아 주는 친구가 원판을 놓고 자리를 벗어나면 이동해야 함을 알려 주기 • 목적지에 갈 때와 올 때 모두 다리 놓기로 하면 시간이 오래 걸리므로 거리를 짧게 하거나 돌아올 때는 손을 잡고 같이 뛰어오는 방식으로 진행하기

'다리 만들기' 놀이는 새로운 세상에 도착한 아이들이 서로 협력해 길을 만들어 나가야 하는 상황을 가정한 활동입니다. 바닥이 뜨거운 화산 지대나 바다라고 생각하고 놀이를 하면 더 실감 나게 참여할 수 있습니다. 다만, 다리를 놓아 주는 친구가 원판을 바닥에 완전히 내려놓고 피한 상태에서 이동해야 부딪침이나 밟힘 같은 안전사고가 발생하지 않음을 알려 주어야 합니다. 교과서에서처럼 목적지에 갈 때와 올 때 모두 다리 놓기 방식으로 이동하면 시간이 오래 걸려 지루해할 수 있어서 돌아올 때는 손을 잡고 같이 달려오는 방법으로 재구성했습니다.

1) 원판 달리기

① 경쟁 활동 기본 배치에 맞게 정렬한다.

② 출발점에서부터 반환점까지 1학년 학생들이 뛸 수 있는 거리(약 50~80

센티미터)만큼 간격을 두고 원판을 늘어놓는다.

③ 원판이 안전지대이므로 원판만 밟고 뛰어가야 함을 안내한다.

④ 원판을 밟고 반환점에 도착하면 고깔을 손으로 친 다음 뛰어서 들어 온다.

2) 다리 만들기

① 경쟁 활동 기본 배치에 맞게 정렬한다.

② 두 사람이 출발점에 선다. 한 사람은 안내자(원마커를 놓는 사람) 역할을, 다른 한 사람은 탐험가(이동하는 사람) 역할을 맡는다.

③ 안내자는 2개의 원판만 이용할 수 있다. 안내자가 원판을 하나 놓으면 탐 험가가 그 원판을 밟고 이동하는 식으로 목적지(반환점)에 도착한다.

④ 원판을 밟고 목적지에 도착하면 안내자와 탐험가가 손을 잡고 같이 달려 서 출발점으로 돌아온다.

콩 주머니 모으기

기본 움직임 요소	걷기/달리기
기본 움직임 기술	이동 움직임

교과서 내용	• 달리기 연습하기 • 콩 주머니 모으기 놀이 하기
특징	• 빠르게 달려가다가 멈추고 콩 주머니를 주운 다음 돌아와 정해진 곳에 콩 주머니를 놓는 활동으로, 다양한 이동 움직임 기술을 사용하는 놀이
재구성	• 전력 달리기: 힘껏 달리기 릴레이로 진행하기 • 콩 주머니 줍고 달리기: 달리다가 멈추어 콩 주머니를 줍고 반환점을 돌아 달려오면서 다시 훌라후프 안에 콩 주머니 놓고 달려 들어오기 • 콩 주머니 모으기: 순서에 맞게 한 사람씩 달려가서 콩 주머니를 집어와 정해진 시간 안에 많이 모으기
재구성 활동 준비물	• 호루라기 또는 소고, 콩 주머니(한 사람당 3개), 훌라후프(2개), 바구니(2개), 반환점 표시용 고깔(2개)
주의점	• 달리는 순서 지키기, 한 번에 1개만 가져오기, 다른 친구들과 부딪치지 않게 조심하기 같은 규칙 숙지하게 하기

  팔과 다리를 움직이며 전력으로 달리기는 에너지가 많이 드는 활동입니다. 여러 사람이 다른 방향으로 달리고 있다면 충돌 위험을 피하는 민첩성도 요구됩니다. 목표물을 향해 달리다가 목표물에 근접하면 멈추고 목표물을 획득한 후에 다시 달리는 순발력도 필요합니다. 콩 주머니 모으기는 그런 움직임 기술을 다양하게 활용합니다. 전력으로 달리다가 콩 주머니를 줍는 연습을 한 다음 실전으로 콩 주머니 모으기를 하는 것으로 재구성했습니다.

1) 전력 달리기

① 경쟁 활동 기본 배치에 맞게 정렬한다.

② 두 팀으로 나눈 다음 각 팀에서 한 사람씩 나와 출발점에 선다.

③ 출발점에서부터 달리기 시작해 반환점을 돌아 전력을 다해 달려온다.

2) 콩 주머니 줍고 달리기

① 경쟁 활동 기본 배치에 맞게 정렬한다.

② 두 팀으로 나눈 다음 각 팀에서 한 사람씩 나와 출발점에 선다.

③ 출발점과 반환점 사이에 훌라후프를 두고 그 안에 콩 주머니를 놓는다.

④ 출발점에서 달려가다 멈추어 콩 주머니를 줍고 반환점을 돌아 달려오면 서 다시 훌라후프 안에 콩 주머니를 놓고 달려 들어온다.

3) 콩 주머니 모으기

① 경쟁 활동 기본 배치에서 출발점을 원마커로 표시하고 그 옆에 바구니를 둔다.

② 경기장 가운데에 훌라후프를 두고 그 안에 학생 수의 3배 정도 되는 분 량의 콩 주머니를 놓는다.

③ 두 팀으로 나눈 다음 각 팀에서 한 사람씩 나와 출발점에 선다.

④ 시작 신호와 함께 순서대로 한 사람씩 달려가 콩 주머니를 주워 자기 팀 바구니에 넣는다.

그림 6-3 · **콩 주머니 모으기**

⑤ 앞 선수가 바구니에 콩 주머니를 넣으면 그다음 선수가 출발한다.

⑥ 정해진 시간 동안 콩 주머니를 모은 후 게임이 종료되면 바구니에 든 콩
주머니의 수를 헤아린다.

길 따라 달리기

기본 움직임 요소	걷기/달리기
기본 움직임 기술	이동 움직임
교과서 내용	• 지그재그 길 따라 걷기 • 지그재그 길 따라 달리기 • 팔자 달리기
특징	• 새로운 곳을 탐험할 때 위험한 상황이 발생하면 피하는 것을 모티프로 고깔이 놓여 있으면 방향을 바꿔 돌아가는 민첩성과 순발력 키우는 놀이
재구성	• 지그재그 달리기: 접시콘을 따라 지그재그로 달리기 • 팔자 달리기: 접시콘을 따라 팔자로 달리기 • 길 따라 달리기: 고깔이 세워진 곳에서 방향 바꿔 달리기
재구성 활동 준비물	• 호루라기 또는 소고, 접시콘, 고깔(6개)
주의점	• 처음 지그재그 달리기를 할 때는 낮은 접시콘을 이용해 위험 부담 낮추기

초등 1학년 신체 활동의 모든 것

- 팔자 달리기를 하면서 곡선 코스에서 구심력과 원심력을 이용해 달리는 기술 연습하기
- 길 따라 달리기를 할 때는 친구와 경쟁하는 것이 아니라 모든 학생이 들어오는 데 걸리는 시간 단축을 목표로 하기

'길 따라 달리기'는 새로운 곳에서 경험하게 될 뜻밖의 상황에 어떻게 대처해야 하는지를 알려 주기 위해 만들어졌습니다. 모퉁이가 나타나면 돌아가듯이 고깔이 세워져 있으면 방향을 바꾸는 방식으로 진행됩니다. 이 놀이는 달리는 속도보다는 경로에 놓인 고깔을 따라 길을 만들어 가는 것에 중점을 둡니다. 그렇기에 접시콘을 따라 지그재그 달리기로 몸의 방향을 바꾸는 연습을 하고, 팔자 달리기를 하면서 곡선 코스 달리기를 연습한 다음, 길 따라 달리기 놀이를 하는 것으로 재구성했습니다.

1) 지그재그 달리기

① 출발점에서 도착점까지 접시콘을 지그재그 모양으로 늘어놓는다.

② 접시콘을 따라 어떻게 달려야 하는지 교사가 시범을 보인다.

③ 한 사람씩 출발해 도착점에 도달한다.

④ 모든 학생이 도착점에 도달하면 도착점에서 다시 한 사람씩 출발해 모두가 출발점에 도착하게 한다.

⑤ 시간 여유가 있다면 속도를 높여 한 번 더 진행한다.

2) 팔자 달리기

① 접시콘을 큰 팔자 모양으로 늘어놓는다.

② 출발점에서 S자로 달리기 시작해 반환점을 돌아 다시 S자로 달려 출발
점으로 돌아온다.

③ 모든 학생이 차례대로 참여한다.

④ 시간 여유가 있다면 속도를 높여 한 번 더 진행한다.

3) 길 따라 달리기

① 고깔 6개 이상을 지그재그로 놓는다.

② 고깔을 따라 어떻게 달려야 하는지 교사가 시범을 보인다.

③ 한 사람씩 출발해 1번부터 6번 고깔까지 달린 후 다시 6번에서 1번 고깔
로 돌아온다.

④ 모든 학생이 차례대로 참여한다.

⑤ 전체 학생이 들어오는 데 소요되는 시간을 측정한다.

장애물 통과하기 😄

기본 움직임 요소	몸풀기
기본 움직임 기술	비이동 움직임
교과서 내용	• 줄과 친해지기 • 고정된 줄 통과하기 • 움직이는 줄 통과하기
특징	• 줄을 활용하는 놀이지만 기본 움직임 요소는 몸풀기로 설정되어 있는 활동 • 줄을 이용한 장애물 통과하기로 할지, 다른 다양한 장애물 통과하기로 재구성할지 결정 필요
재구성	• 기어서 통과하기: 허들 아래로 기어서 통과하기 • 넘어서 통과하기: 허들 위로 뛰어서 통과하기 • 기어서 넘어서 통과하기: 갈 때는 기어서, 돌아올 때는 넘어서 통과하기
재구성 활동 준비물	• 호루라기 또는 소고, 간이 허들, 반환점 표시용 고깔
주의점	• 허들을 넘다가 걸려 넘어져도 다치지 않도록 플라스틱으로 된 간이 허들 사용하기 • 기거나 넘다가 허들을 쓰러뜨렸다면 허들을 바르게 세운 다음 활동을 이어 가도록 사전에 안내하기

교과서에 제시된 활동은 놀이용 줄을 만지고, 늘이고, 던지고, 흔들면서 탐색해 보고, 팽팽하게 당긴 줄이나 움직이는 줄 사이를 통과하는 활동으로 구성되어 있습니다. 그런데 교과서의 그림처럼 1학년

학생들이 여러 방향으로 엇갈려 있는 줄을 팽팽하게 잡고 유지하는 것은 어려울 뿐 아니라 엇갈린 줄이 서로 꼬여서 다음 활동으로 넘어가기도 수월하지 않습니다. '줄'이라는 도구 활용이 주목적이 아니라 '몸풀기'가 기본 움직임 요소라면 굳이 줄을 활용할 필요가 없다고 판단해 간이 허들을 활용한 놀이로 재구성했습니다.

1) 기어서 통과하기

① 경쟁 활동 기본 배치에 맞게 정렬한다.

② 출발점과 반환점 사이에 간이 허들 3~5개를 같은 간격으로 늘어놓는다.

③ 한 사람씩 출발해 달리다가 허들이 있는 곳에서 허들 아래로 기어서 통과한 후 반환점을 돌아 달려서 들어온다.

④ 다음 선수의 손을 터치하는 방식으로 릴레이를 이어 간다.

2) 넘어서 통과하기

① 기어서 통과하기와 같은 배치를 유지한다.

② 한 사람씩 출발해 달리다가 허들이 있는 곳에서 허들을 넘어 통과한 후 반환점을 돌아 달려서 들어온다.

③ 다음 선수의 손을 터치하는 방식으로 릴레이를 이어 간다.

초등 1학년 신체 활동의 모든 것

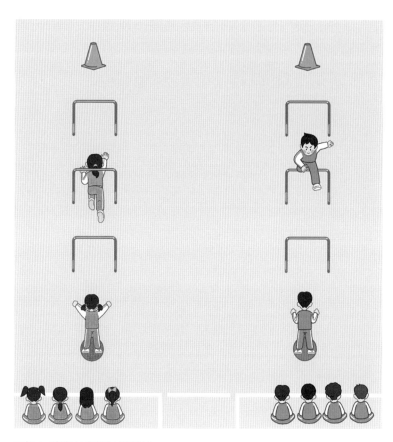

그림 6-4 · **기어서 넘어서 통과하기**

3) 기어서 넘어서 통과하기

① 넘어서 통과하기와 같은 배치를 유지한다.

② 한 사람씩 출발해 달리다가 허들이 있는 곳에서 허들 아래로 기어서 통

과한다. 반환점을 돌아 들어올 때는 허들을 넘어 통과한 후 달려서 들어온다.

③ 다음 선수의 손을 터치하는 방식으로 릴레이를 이어 간다.

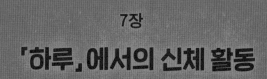

7장

「하루」에서의 신체 활동

'우리는 지금 어떻게 살아갈까' 영역에서 '우리는 여러 유형의 주기로 생활한다'는 핵심 아이디어에 기반을 둔 단원입니다. 하루의 가치를 느끼며 지금을 소중히 여기고(2바03-01), 하루의 변화와 사람들이 하루를 살아가는 모습을 탐색하며(2슬03-01), 하루를 건강하고 활기차게 지내면서(2즐03-01), 즐겁게 놀이하며, 건강하고 안전하게 생활하는(2즐01-01) 내용 등으로 구성되어 있습니다. 학생들의 하루 생활 자체를 다루되 일상생활 속 반복되는 활동에도 작은 차이들이 발생한다는 점을 인식하도록 하는 것이 필요해 보입니다.

「하루」 단원은 인간이 구성해 온 시간 개념에서 하루 24시간과 일주일이라는 주기의 반복, 반복되면서도 조금씩 다른 생활 모습, 특별한 날에 대한 추억 등을 나누고 배우면서 삶의 맥락을 의식적으로 인식하며 살아가도록 이루어져 있습니다. 「하루」에서 소개하는 신체 활동은 '하루' 개념과 내용적으로 연결되기보다는 2학기라는 새로운 시작과 함께 부쩍 자란 1학년 아이들이 다양한 신체 활동을 통해 건강한 배움을 이어 나갈 수 있는 내용으로 구성됩니다.

비빔밥 놀이 😄

기본 움직임 요소	기본 동작/모이기
기본 움직임 기술	비이동 움직임
교과서 내용	• 다양한 모이기 활동 하기 • 비빔밥 놀이 하기
특징	• '모이기' 활동으로 2학기 신체 활동 시작 • 1학기에 어렵게 느껴지던 활동이 자연스럽게 가능해지는 2학기. '말 전달 모이기'와 '한 줄로 모이기'로 학생들의 변화 가능 • 밥, 나물, 비빔밥 역할에 맞게 어떻게 움직일지 빠르게 판단하고 이동하는 활동
재구성	• 말 전달 모이기: 교사의 말을 다 같이 따라 하며 지시대로 모이기 • 비빔밥 놀이: 밥, 나물, 비빔밥 역할에 맞추어 교사의 지시에 따라 이동하기
재구성 활동 준비물	• 호루라기 또는 소고, 원마커
주의점	• 2학기가 되어도 빠른 상황 판단과 이동 움직임이 되지 않는 학생이 있다면 교사가 주목하고 필요할 때 도움 주기 • 밥, 나물, 비빔밥이 이동할 때 서로 충돌하지 않도록 사전에 안전 지도하기

1학년 아이들은 여름방학을 마치고 돌아오면 낯선 표정으로 교실에 들어서기도 하고 줄을 서는 순서를 잊어 버리기도 합니다. 이번 차시에서는 익숙하지만 낯선 상황을 해소해 줄 수 있는 활동을 합니다. 먼저 '말 전달 모이기'를 하면서 모이고 흩어지는 놀이를 해 보고, '비

초등 1학년 신체 활동의 모든 것

범밥 놀이'를 하면서 조금은 낯선 분위기를 바꾸어 볼 수 있습니다. '말 전달 모이기'와 '한 줄로 모이기'를 하나로 통합해 운영하는 방식으로 재구성했습니다.

1) 말 전달 모이기

① 준비운동을 마친 후 두 줄로 앉힌 다음 놀이 방법을 설명한다.

② 모두 일어나 체육관 양옆과 전면의 벽을 향해 달려가 원하는 위치에 선다.

③ 교사가 호루라기 신호와 함께 "모두 모여"라고 하면 학생들이 "모두 모여"라고 따라 하며 앞으로 달려와 정해진 위치에 순서대로 줄을 선다(줄 서는 선을 미리 지정하고 알려 주는 것이 좋다).

④ 학생들이 다시 원하는 위치에 서면 교사는 "여자들 모여", "남자들 모여", "방학이 좋은 사람 모여", "남녀 각각 한 줄로 모여" 등을 외치고, 아이들은 달려오는 순서대로 줄을 선다.

⑤ 다른 활동을 하다가도 호루라기를 불며 "한 줄로 모여"와 같은 신호를 하면 바로 모일 수 있도록 연습한다.

2) 비빔밥 놀이

① 원마커가 비빔밥을 담을 그릇이라고 가정하고 원마커를 간격에 맞게 원형으로 놓는다.

② 셋씩 짝을 지어 두 사람은 '밥', 한 사람은 '나물' 역할을 한다.

③ 원마커에 한 팀씩 올라가 '나물'을 가운데에 두고 '밥'이 양옆에 선다. '밥' 끼리 두 손을 마주 잡아 '나물'을 감싼다.

④ 교사가 신호와 함께 "밥"을 외치면 다 같이 "밥"이라고 따라 하면서 '밥' 역할을 하는 아이들이 다른 그릇으로 자리를 바꾼다.

⑤ 교사가 신호와 함께 "나물"을 외치면 다 같이 "나물"이라고 따라 하면서 '나물' 역할을 하는 아이들이 다른 그릇으로 자리를 바꾼다.

⑥ 교사가 신호와 함께 "비빔밥"을 외치면 다 같이 "비빔밥"이라고 따라 하면서 밥과 나물 모두 다른 그릇으로 자리를 바꾼다.

온몸 가위바위보

기본 움직임 요소	몸풀기
기본 움직임 기술	비이동 움직임
교과서 내용	• 온몸 가위바위보 익히기 • 온몸 가위바위보 놀이 하기
특징	• 「하루」 단원의 내용과 연계되는 일상(아침, 점심, 저녁, 꿈나라)의 반복을 차용한 놀이 • 가위바위보에서 이기면 다음 시간으로 넘어가는 인간 말판 놀이와 유사

재구성	• 익히기: 몸동작으로 표현하는 가위바위보 익히기 • 온몸 가위바위보 달리기: 가위바위보를 해 이긴 사람 달려 나가기 • 온몸 가위바위보: 아침, 점심, 저녁, 꿈나라 통과하기
재구성 활동 준비물	• 호루라기 또는 소고, 반환점 표시용 고깔(4개), 원마커(여러 개)
주의점	• 온몸 가위바위보 동작을 정확하게 표현해서 혼동 없게 하기 • 처음부터 4개의 기점을 통과하는 놀이로 시작하기보다 이긴 사람은 달려 나가고, 진 사람은 다음 사람과 가위바위보를 해 이겨야 출발할 수 있다는 점을 연습을 통해 이해시키기

'온몸 가위바위보'는 몸풀기 움직임 요소 활동입니다. 가위는 팔을 가슴 앞에서 X자로 한 상태로 다리를 앞뒤로 벌리고, 바위는 두 발을 모으고 두 손도 내려 반듯하게 서고, 보는 두 팔과 두 다리를 모두 벌려 균형을 잡아 표현합니다. 온몸을 사용해 가위바위보를 정확하게 표현할 수 있도록 사전에 연습하게 합니다. 놀이에 들어가기 전에 '가위바위보 달리기'를 통해 놀이 규칙을 미리 익힐 수 있게 재구성했습니다.

1) 온몸 가위바위보 달리기

① 원마커 하나로 출발점을 표시하고 적당한 거리에 반환점 표시용 고깔을 세운다.

② 팀 구분 없이 한 줄로 선 다음 앞의 두 사람이 출발점에서 온몸 가위바위

보를 한다.

③ 이긴 사람은 달려서 반환점을 돌아 대기 줄의 맨 마지막에 선다.

④ 진 사람은 다음 사람과 온몸 가위바위보를 한다. 이기면 달려 나가고 지면 그다음 사람과 온몸 가위바위보를 한다.

⑤ 두 차례 정도 반복하며 온몸 가위바위보에서 져도 기회가 얼마든지 있다는 점을 주지시킨다.

2) 온몸 가위바위보

① 원마커 하나로 출발점(아침)을 표시하고, 고깔 3개(점심, 저녁, 꿈나라)를 세워 사각형을 만든다.

② 꿈나라와 출발점 사이에 원마커나 매트를 두어 쉴 수 있는 공간(쉼터)을 마련해 둔다.

③ 팀 구분 없이 한 줄로 선 다음 앞의 두 사람이 아침 가위바위보를 한다. 이긴 사람은 점심으로 가고, 진 사람은 다음 사람과 아침 가위바위보를 한다.

④ 점심으로 간 사람은 다음 사람이 오면 점심 가위바위보를 하고 이긴 사람은 저녁으로 간다.

⑤ 저녁으로 간 사람은 다음 사람이 오면 저녁 가위바위보를 하고 이긴 사람은 꿈나라로 간다.

⑥ 꿈나라에 도착하면 쉼터에서 쉬다가 아침 대기 줄에서 선다.

⑦ 게임이 끝나면 그동안 며칠을 통과했는지 헤아려 보게 한다.

한 발로 통통통

기본 움직임 요소	밀기/당기기/균형 잡기
기본 움직임 기술	비이동 움직임
교과서 내용	• 닭싸움 놀이 하기 • 발 바꿔 놀이 하기
특징	• 한 발을 들고 이동하면서 하는 두 가지 놀이로 구성 • 닭싸움 놀이는 기존 닭싸움을 변형한 것으로 1학년이 하기에 무리가 없는 활동
재구성	• 한 발 들고 뛰기: 한 발 들고 뛰다가 발 바꾸어 뛰기 릴레이로 진행하기 • 닭 잡기 놀이: 한 발로 뛰어다니며 다른 친구 잡기 • 발 바꿔 놀이: 술래가 몰래 다리 바꾸는 친구 찾기
재구성 활동 준비물	• 호루라기 또는 소고, 반환점 표시용 고깔, 접시콘, 훌라후프
주의점	• 한 발 들고 균형 잡기는 1학기 때 여러 활동에서 활용한 움직임 기술이라는 점 설명하기 • 한 발로 뛰다가 힘들면 경계선 밖으로 나가 휴식 취하도록 안내하기 • 충돌 사고 발생하지 않게 주의 주기

한 발 들고 균형 잡기나 그 상태에서 콩 주머니 던지기나 통통통 뛰어다니기는 아이들에게 이미 익숙한 활동입니다. '한 발로 통통통'은 한 발로 뛰는 움직임의 지속 시간을 늘려서 근육을 강화할 뿐 아니라 균형 감각을 훈련하도록 구성되어 있습니다. '닭싸움 놀이'라는

이름을 붙였지만 우리가 아는 닭싸움이 아니기 때문에 오해나 혼란을 줄 수 있어 '닭 잡기 놀이'로 이름을 변경해 재구성했습니다.

1) 한 발 들고 뛰기

① 경쟁 활동 기본 배치에 맞게 정렬한다.

② 출발점과 반환점 사이에 원마커 2개를 놓는다.

③ 각 팀에서 한 사람씩 나와 출발점에 선다.

④ 첫 번째 원마커까지 한 발로 뛰어간 다음 발을 바꾸어 두 번째 원마커까지 뛰어간다. 이후 반환점까지 달려서 돌아온다.

⑤ 다음 선수의 손을 터치하는 방식으로 릴레이를 이어 간다.

2) 닭 잡기 놀이

① 접시콘을 이용해 큰 사각형 혹은 원 모양으로 닭장을 표시한다. 두 팀으로 나누어 번갈아 가며 놀이를 진행할 것을 감안해 공간 크기를 정한다.

② 한 팀이 닭장 안에 들어가 술래를 정한다. 술래는 머리띠로 구분한다.

③ 나머지 학생들은 닭이 되어 한쪽 다리를 뒤로 들고 손으로 잡는다.

④ 놀이가 시작되면 술래가 한 발을 들고 뛰면서 닭을 잡으러 다닌다. 한 발로 뛰기 힘들면 발을 바꿔 가면서 뛴다.

⑤ 술래가 닭을 잡으면 머리띠를 넘겨주고 정해진 시간(약 2~3분)까지 놀이를 계속한다.

그림 7-1 · **닭 잡기 놀이**

3) 발 바꿔 놀이

① 닭 잡기 놀이를 할 때 만들어 놓은 닭장 가운데에 훌라후프를 놓는다.

② 공간의 크기에 따라 참여할 학생 수를 조정하고, 가위바위보로 술래를
정한다.

③ 술래는 훌라후프 안으로 들어간다.

④ 나머지 닭들은 한 발을 들고 뛰어다니거나 균형을 잡고 서서 쉰다. 다리
가 아프면 술래 몰래 다리를 바꾼다.

⑤ 술래는 다리를 바꾸는 닭을 찾아 술래를 시킨다.

애벌레 놀이 😃

기본 움직임 요소	밀기/당기기/균형 잡기
기본 움직임 기술	비이동 움직임
교과서 내용	• 애벌레 놀이 • 한 줄 씨름 놀이
특징	• 「탐험」 단원의 '3-4-5 걷기'에서 활용한 움직임 기술이 반영된 활동 • 지금까지 한 균형 잡기 위주의 활동과 달리 밀거나 당기기 기술 활용 • 당기거나 밀 때 힘의 강도를 스스로 조절하며 균형 유지하는 감각 습득
재구성	• 애벌레 놀이: 몸의 세 부분을 이용한 애벌레 걷기로 경주하기 • 한 줄 씨름: 줄을 밀거나 당겨서 힘겨루기 • 손바닥 씨름: 손바닥을 맞대고 치거나 피하기
재구성 활동 준비물	• 호루라기 또는 소고, 부드러운 줄, 반환점 표시용 고깔
주의점	• 애벌레 모양을 만들 때 내 몸에 타인의 신체가 닿는 것을 불쾌해하기보다는 놀이 과정으로 인식하도록 분위기 형성하기 • 애벌레 모양을 만들어 이동하는 것이 쉽지 않으므로 이동 거리를 짧게 조정하고, 2인 애벌레, 4인 애벌레 등으로 연습하기 • 안전을 위해 애벌레 대형 만들기에 익숙해지기 전까지는 릴레이로 진행하지 않기 • 한 줄 씨름이나 손바닥 씨름을 할 때 체격이 비슷한 학생끼리 짝 지어 주기

초등 1학년 신체 활동의 모든 것

지금까지는 균형 잡기 위주의 비이동 움직임 기술을 이용하는 활동이 대부분이었다면 '애벌레 놀이'는 온몸을 밀면서 당기는 움직임 기술을, '한 줄 씨름'은 줄을 이용해 밀거나 당기며 균형을 유지하는 움직임 기술을 활용합니다. 애벌레 놀이는「탐험」단원의 '여러 가지 방법으로 걷기'에서 한 '3-4-5 걷기'와 연결되는 활동입니다. 몸의 세 부분(두 발과 엉덩이)을 이용해 걷는 자세에서 두 손을 뒷사람의 다리에 올려 두고 서로 협력해 움직이는 놀이입니다. '애벌레 놀이'와 '한 줄 씨름'에 '손바닥 씨름'을 추가하는 것으로 재구성했습니다.

1) 애벌레 놀이

① 경쟁 활동 기본 배치에 맞게 정렬하되 반환점까지의 거리를 짧게 한다.

② 1단계: 2인 애벌레 릴레이. 각 팀에서 두 사람씩 나와 애벌레를 만든 다음 출발해 반환점에 도달하면 일어나서 손을 잡고 뛰어 들어온다.

③ 2단계: 4인 애벌레 릴레이. 각 팀에서 네 사람씩 나와 애벌레를 만든 다음 출발해 반환점에 도달하면 일어나서 손을 잡고 뛰어 들어온다.

2) 한 줄 씨름

① 원마커로 서 있는 위치를 지정해 준다.

② 각 팀에서 한 사람씩 나와 다리를 어깨너비로 벌리고 마주 선다.

③ 줄을 대각선으로 당겨 허리춤에서 잡는다. 이때 한 손으로는 줄의 끝을

잡고 다른 한 손으로는 줄의 앞쪽을 잡는다.

④ 힘을 주지 않은 상태로 잡고 있다가 교사가 신호를 주면 밀거나 당겨서 상대의 균형을 깨뜨린다.

⑤ 상대의 발이 바닥에서 완전히 떨어지거나 상대가 넘어지면 이긴다.

3) 손바닥 씨름

① 마주 선 상태에서 두 손을 양쪽으로 들어올렸을 때 두 사람의 손바닥이 자연스럽게 닿는 위치에 선다.

② 교사가 신호를 주면 손바닥을 쳐서 상대의 균형을 깨뜨린다.

③ 상대의 발이 바닥에서 완전히 떨어지거나 상대가 넘어지면 이긴다.

큰 공 놀이

기본 움직임 요소	도구 활용
기본 움직임 기술	조작 움직임
교과서 내용	• 큰 공을 이용한 다양한 놀이 하기 • 큰 공 놀이 하기
특징	• 큰 공을 굴리거나 전달하면서 크고 둥근 공의 속성을 파악하고, 힘의 강도나 방향 등을 조절하며 공 다루는 기술 익히는 놀이

	• 큰 공이 굴러올 때 몸을 피하면서 민첩성 기르고, 목표를 향해 큰 공을 정확하게 굴리는 조작 움직임 기술 숙달하는 놀이
재구성	• 큰 공으로 놀기: 큰 공 굴리기, 큰 공 차고 달리기 • 큰 공 굴리기: 큰 공을 굴려 지그재그로 전달하기 • 큰 공 피구: 선 바깥에서 굴러 들어오는 큰 공 피하기
재구성 활동 준비물	• 호루라기 또는 소고, 큰 공(2개), 고깔(2개), 원마커(한 사람당 1개), 접시콘
주의점	• 킨볼 또는 짐볼과 같은 큰 공을 준비하되 없으면 딱딱하지 않은 일반 공으로 준비하기 • 큰 공은 굴러가는 속도가 빠르지 않기 때문에 잘 피할 수 있고 굴러오는 공에 맞아도 크게 아프지 않다는 점을 안내해 공에 대한 두려움 낮추기 • 큰 공 피구를 할 때 공을 띄우지 않고 굴려야 함을 숙지시키기

　　큰 공은 1학년 체육대회와 운동회에서 빠지지 않고 등장하는 교구입니다. 자기 몸집보다 큰 공을 둘이서, 셋이서 굴리는 경험은 짜릿하죠. 교과서의 '큰 공 놀이'는 큰 공을 굴리거나 상대에게 전달하면서 큰 공의 속성을 이해하고, 굴러오는 큰 공을 피하는 놀이로 구성되어 있습니다. 이 시기 1학년 학생들이 하기 좋은 활동입니다. 다만, '큰 공 놀이'라는 명칭이 놀이의 특성을 잘 표현하지 못해서 '큰 공 피구'로 변경했습니다.

1) 큰 공으로 놀기

① 경쟁 활동 기본 배치에 맞게 정렬하고 단계별로 릴레이로 진행한다.

② 1단계: 큰 공 굴려 반환점 돌아오기

③ 2단계: 큰 공 발로 찬 후 달려가 공 잡고 굴리며 반환점 돌아오기

2) 큰 공 굴리기

① 원마커를 3미터 간격을 두고 두 줄로 늘어놓는다.

② 원마커 위에 한 사람씩 올라가 두 줄로 마주 보게 선다.

③ 교사가 첫 번째 학생에게 공을 굴리면 받아 맞은편 학생에게 굴린다.

④ 공이 지그재그 형태로 전달되게 한다.

⑤ 마지막 학생에게까지 공이 전달되면 반대 방향으로 공을 굴려 첫 번째 학생에게 공이 돌아오게 한다.

3) 큰 공 피구

① 접시콘으로 큰 사각형을 만든다.

② 두 팀으로 나누고 한 팀이 사각형 안으로 들어간다.

③ 공격 팀은 선 바깥에서 큰 공을 굴려 안으로 보낸다.

④ 수비 팀은 큰 공을 피한다. 공에 맞거나 공이 선 밖으로 나가면 아웃된다.

⑤ 정해진 시간(약 3~5분) 동안 진행한 후 공격과 수비를 바꾼다.

초등 1학년 신체 활동의 모든 것

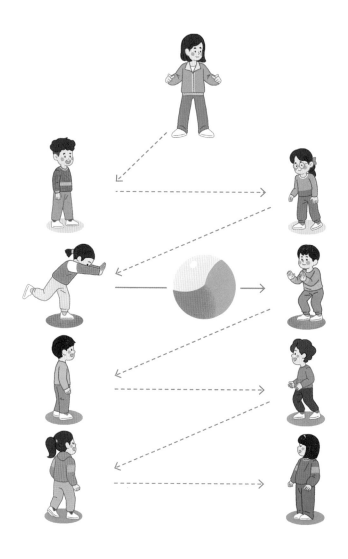

그림 7-2 · 큰 공 굴리기

고양이와 쥐 달리기

기본 움직임 요소	걷기/달리기
기본 움직임 기술	이동 움직임
교과서 내용	• 술래잡기 놀이 경험 나누기 • 고양이와 쥐 달리기 놀이 하기
특징	• 지금까지 한 술래잡기 중 규칙이 가장 복잡한 놀이로 학생들의 인지 및 감각 운동 능력을 확인해 볼 수 있는 활동 • 쥐가 내 옆에 앉으면 내가 아닌 내 짝이 쥐가 된다는 규칙을 이해해야 가능한 놀이로 이동 움직임 기술보다 고도의 집중력 필요
재구성	• 달리다가 앉기: 달리다가 앉고 다시 일어나서 달리기 릴레이로 진행하기 • 고양이와 쥐: 고양이가 쥐를 잡기 위해 달리면 쥐가 쥐구멍에 들어가 다른 쥐 내보내기
재구성 활동 준비물	• 호루라기 또는 소고, 원마커(두 사람당 1개), 고깔(2개)
주의점	• 규칙을 이해하지 못해 고양이와 쥐 놀이에 참여하지 못하는 학생이 없도록 충분히 설명하기 • 놀이 규칙 이해가 더딘 학생은 교사가 주목하고 필요할 때 도움 주기 • 달리다가 앉을 때 앉아 있는 친구와 충돌 사고가 발생하지 않게 조심해야 한다는 점 지속적으로 상기시키기

지금까지 한 발 술래잡기, 얼음땡 놀이, 수건돌리기 같은 다양한 잡기 놀이를 했지만 이번 차시에 하는 '고양이와 쥐 달리기'는 내가 아닌 내 짝이, 내 짝이 아닌 내가 움직여야 하는 활동인 만큼 1학년에

게 난이도가 높습니다. 그렇기에 그동안 신체 활동을 비롯한 교육 활동을 통해 학생들이 성장했음을 확인하는 기준이 됩니다. 달리다가 앉을 때 앉아 있는 친구에게 위협이 되지 않도록 조절하는 기술을 연습하기 위해 '달리다가 앉기' 릴레이 게임을 추가했습니다.

1) 달리다가 앉기

① 경쟁 활동 기본 배치에 맞게 정렬한다.

② 출발점과 반환점 사이에 원마커 2개를 놓는다.

③ 출발점에서부터 달리다가 첫 번째 원마커에 도착하면 속도를 줄이며 앉는다. 다시 일어나 달리다가 두 번째 원마커에 도착하면 속도를 줄이며 앉았다가 다시 일어나 반환점을 돌아 달려 들어온다.

2) 고양이와 쥐

① 학생 수가 스무 명 내외면 반 전체가 함께할 수 있는 놀이로, 학생 수의 절반이 되는 수의 쥐구멍(원마커)을 둥글게 배치한다. 쥐구멍 간 1미터 이상의 간격을 둔다.

② 교사와 가위바위보를 해서 고양이와 쥐를 뽑는다.

③ 나머지 학생들은 둘씩 짝을 지어 원마커를 사이에 두고 앉는다.

④ 교사의 신호와 함께 놀이가 시작되면 쥐는 도망가고 고양이는 쥐를 쫓는다.

⑤ 도망가다 지친 쥐가 자리에 앉는다.

⑥ 쥐 옆에 앉은 친구의 짝은 도망가는 쥐가 된다.

⑦ 쥐는 다시 고양이를 피해 도망 다닌다.

⑧ 고양이는 쥐가 앉는 자리를 확인하고 근처에 가 있으면 새로 쥐가 된 친구를 빨리 잡을 수 있다.

밤나무 놀이

기본 움직임 요소	걷기/달리기
기본 움직임 기술	이동 움직임
교과서 내용	• 바르게 걷는 자세 익히기 • 밤나무 놀이 하기
특징	• 고개를 숙이고 어깨를 구부정하게 걷거나 힘없이 걷지 않도록 바른 자세로 걷는 방법 알려 주는 놀이 • 접시콘이 머리에서 떨어지지 않게 유지하며 걷는 방법 익히기 위해 고개 들고 어깨와 가슴 펴고 허리 세워 팔 자연스럽게 흔들며 걷기 연습
재구성	• 접시콘 올리고 걷기: 머리에 접시콘 올리고 걷기를 릴레이로 진행하기 • 밤나무 놀이: 머리 위에 달린 밤(접시콘)이 떨어지지 않게 조심하면서 술래 피해 다니기

초등 1학년 신체 활동의 모든 것

재구성 활동 준비물	• 호루라기 또는 소고, 고깔, 접시콘(한 사람당 1개)
주의점	• 경직된 상태가 아닌 자연스러운 움직임으로 바르게 걷기 연습하도록 지도하기 • 접시콘을 떨어뜨리지 않는 것도 중요하지만 친구가 떨어뜨린 접시콘을 머리에 올려 주어 다시 연습할 수 있도록 돕는 것 역시 중요하다고 알려 주기 • 시선을 조금 올려 걸으면서도 주위 친구들의 움직임 또한 주시해 부딪치지 않게 조심하기 • 친구의 접시콘을 주울 때 고개를 숙이면 내 접시콘도 같이 떨어질 수 있다는 점 강조하기

대근육을 활용한 신체 활동을 할 기회가 적은 요즘 아이들이 바르게 걷는 자세를 익히기는 쉽지 않습니다. 신체 활동 시간을 통해서 바르게 걷는 자세를 익히고 습관화하는 것이 중요한 이유입니다. 먼저, 교과서 속 걷기 자세가 어떤 모습인지 이해할 수 있게 교사가 시범을 보이며 알려 줍니다. 바르게 걷는 자세 연습을 위해 접시콘을 머리에 올리고 걷는 게임을 하고, 교과서에 제시된 밤나무 놀이를 조금 변형해 바르게 걷는 자세를 연습해 볼 수 있도록 재구성했습니다.

1) 접시콘 올리고 걷기

① 경쟁 활동 기본 배치에 맞게 정렬한다.

② 두 팀으로 나눈 다음 각 팀에서 한 사람씩 나와 머리에 접시콘을 올리고 출발한다.

그림 7-3 · **밤나무 놀이**

③ 접시콘이 떨어지면 그 자리에 멈추어 서서 다시 접시콘을 올린다.

④ 팔은 자연스럽게 앞뒤로 흔들고 접시콘에는 손을 대지 않는다.

⑤ 릴레이 형식으로 진행하며 두 차례 반복한다.

2) 밤나무 놀이

① 접시콘은 밤, 우리 몸은 밤나무라고 가정하고, 밤나무에 밤이 달린 것이
라고 설명한다.

② 체육관 바닥 선을 이용해 밤나무밭 구획을 정한다.

③ 밤나무는 머리에 밤을 올리고 이리저리 걸어다닌다.

④ 밤나무가 돌아다니다가 밤을 떨어뜨리면 지나가던 밤나무가 주워서 올려 줄 수 있다.

⑤ 술래는 밤나무밭 주인으로 떨어진 밤을 줍거나 돌아다니는 밤나무를 흔들어 밤을 떨어뜨린 다음 주울 수 있다.

⑥ 밤을 주운 술래는 밤나무가 되고, 밤을 떨어뜨린 밤나무는 술래가 되어 놀이를 계속한다.

리듬 뛰기

기본 움직임 요소	높이뛰기/멀리뛰기
기본 움직임 기술	이동 움직임
교과서 내용	• 리듬 뛰기 연습하기 • 리듬 뛰기 1단계부터 4단계까지 도전하기
특징	• 리듬 뛰기에서 '리듬'은 함께 활동하는 친구와 리듬을 맞추어야 한다는 의미 • 뛰는 순서를 잘 기억해야 여러 사람이 함께 뛰거나 마주 보며 뛸 때 헷갈리지 않는 놀이 • 액션 후프, 원마커, 홀라후프 등으로 대형 만들어 하는 놀이
재구성	• 한마음 뛰기 연습: 교사의 리듬에 맞추어 열두 번까지 뛰기

	• 리듬 뛰기 1~4단계: 리듬 뛰기 1단계부터 4단계까지 도전하기 • 사방 뛰기: 사방치기 판에서 리듬 뛰기
재구성 활동 준비물	• 호루라기 또는 소고, 액션 후프(16개)
주의점	• 리듬 뛰기 2단계부터 4단계까지는 여러 사람이 함께하는 움직임이라 자칫하면 서로 충돌해 넘어지거나 다칠 수 있음을 알리고 수시로 주의 주기 • 액션 후프가 없다면 원마커 혹은 훌라후프를 이용하거나 교실 바닥에 마스킹 테이프로 4X4 정사각형 그려 활용하기

여러 사람이 동시에 하나의 호흡으로 움직임 만들기는 고도의 심리적, 신체적 활동이 집약된 활동입니다. 정해진 박자에 맞추어 몸을 움직이면 되는 리듬 뛰기 1단계와 2단계는 누구나 도전해 볼 수 있지만 한 사람으로 시작해서 네 사람이 동시에 뛰는 3단계나 둘이 마주 보고 동시에 다른 방향으로 뛰는 4단계는 복잡합니다. 따라서 교사의 리듬에 맞추어 모든 학생이 다 같이 뛰어 보는 리듬 뛰기 연습을 추가하고, 3단계와 4단계 활동이 부담스러운 교실 상황을 고려해 사방치기 판에서 리듬 뛰기 하기를 보충 활동으로 제시했습니다.

1) 한마음 뛰기 연습

① 가로 두 줄 혹은 네 줄로 간격을 벌리고 선다.

② 교사의 호루라기 소리에 맞추어 무릎을 굽혔다가 펴면서 뛰어올랐다

그림 7-4 · **리듬 뛰기**

착지한다.

③ 한 번, 두 번, 세 번, 네 번으로 늘려 가며 연습한다.

④ 전체가 동시에 뛰는 것이 중요하다는 점을 알려 준다.

⑤ 열두 번까지 흐트러짐 없이 성공하기를 목표로 한다.

2) 리듬 뛰기 1단계

① 액션 후프를 4 X 4로 배치한다.

② 학생은 1번과 2번 액션 후프에 발을 하나씩 넣고 선다.

③ 리듬에 맞추어 왼쪽으로 이동한다(2~3번 → 3~4번).

④ 한 줄 위(5~6번)로 올라가 오른쪽으로 이동한다(6~7번 → 7~8번).

⑤ 한 줄 위(9~10번)로 올라가 왼쪽으로 이동한다(10~11번 → 11~12번).

⑥ 한 줄 위(13~14번)로 올라가 오른쪽으로 이동한다(14~15번 → 15~16번).

⑦ 15~16번까지 이동한 다음에는 밖으로 나간다.

⑧ 이렇게 열두 번을 뛸 때 동일한 박자와 속도를 유지하도록 박자를 쳐 준다.

3) 리듬 뛰기 2단계

① 1단계와 동일하게 움직인다.

② 먼저 출발한 학생이 15~16번에 도착하면 다음 학생이 바로 1~2번에 들어간다.

4) 리듬 뛰기 3단계

① 1단계와 동일하게 움직인다.

② 첫 번째 학생이 5~6번으로 이동할 때 두 번째 학생은 1~2번에 들어간다.

③ 두 번째 학생이 5~6번으로 이동할 때 세 번째 학생은 1~2번에 들어간다.

④ 세 번째 학생이 5~6번으로 이동할 때 네 번째 학생은 1~2번에 들어간다.

초등 1학년 신체 활동의 모든 것

5) 리듬 뛰기 4단계

① 1단계와 동일하게 움직이되 두 사람이 마주 보며 뛴다.

② 첫 번째 학생이 1~2번으로 들어갈 때 두 번째 학생은 13~14번으로 들어간다.

③ 첫 번째 학생이 2~3번으로 이동할 때 두 번째 학생은 14~15번으로 이동한다. 이렇게 교차하면서 뛰면 서로 충돌하지 않고 마무리할 수 있다.

④ 첫 시간에는 1단계와 2단계만 시도해 보고 다음 시간에 3단계, 4단계에 도전해 본다.

그림 7-5 · **사방치기 판처럼 늘어놓은 원마커**

6) 사방 뛰기

① 원마커 1~10번을 사방치기 판처럼 늘어놓는다.

② 교사가 리듬 구호를 외치면서 시범을 보인다.

③ 한 발(1번), 한 발(2번), 한 발(3번), 두 발(4~5번), 한 발(6번), 두 발(7~8번), 두 발(9~10번), 돌기(9~10번), 두 발(7~8번), 한 발(6번), 두 발(4~5번), 한 발(3번), 한 발(2번), 한 발(1번), 도착으로 진행된다.

④ 교사의 구호와 호루라기 리듬에 맞추어 한 사람씩 사방 뛰기를 한다.

초등 1학년 신체 활동의 모든 것

8장

「약속」에서의 신체 활동

'우리는 지금 어떻게 살아갈까' 영역에서 '우리는 과거, 현재, 미래를 생각하며 생활한다'는 핵심 아이디어에 기반을 둔 단원입니다. 공동체 속에서 지속 가능성을 위한 삶의 방식을 찾아 실천하고(2바03-04), 우리의 생활과 관련된 지속 가능성의 다양한 사례를 탐색하고(2슬03-04), 안전과 안녕을 위한 아동의 권리가 있음을 알고 누리며(2즐03-04), 즐겁게 놀이하며, 건강하고 안전하게 생활하는(2즐01-01) 내용 등으로 구성됩니다. 주제 활동 전반이 생태 전환 교육과 아동 인권 교육을 중심으로 편성되어 있습니다.

「약속」 단원에서는 여러 사람들과 어울려 우리나라와 미지의 곳을 탐험하며 하루를 주기로 살아가는데, 이런 삶을 지속하기 위해서는 약속하고 실천해야 할 것들이 있음을 배웁니다. 신체 활동은 약속과 함께하는 활동입니다. 규칙을 지켜야 놀이가 지속될 수 있다는 것을 배워 가는 과정이 중요합니다.

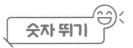

숫자 뛰기

기본 움직임 요소	높이뛰기/멀리뛰기
기본 움직임 기술	이동 움직임

교과서 내용	• 두 발 모아 멀리뛰기 연습하기 • 숫자 뛰기 놀이 하기
특징	• 두 발 모아 제자리 멀리뛰기의 움직임 기술 연습 • 자신이 뛸 수 있는 목표를 정해서 뛰는 활동
재구성	• 연속 제자리 멀리뛰기: 뛸 수 있는 목표 정해서 뛰어 보기 • 멀리뛰기 놀이: 멀리 뛰어 먼저 목적지에 도착하는 놀이
재구성 활동 준비물	• 호루라기 또는 소고, 원마커(20개 이상), 고깔
주의점	• 제자리 멀리뛰기를 할 때 팔을 위로 올렸다가 내리면서 뛰면 도움이 된다는 점 설명하기 • 발목이 꺾이지 않게 착지하도록 지도하고 착지할 때 몸을 낮추어야 함을 알려 주기 • 제자리 멀리뛰기 기본 자세를 익힐 수 있도록 개인별로 도와주기 • 멀리뛰기 놀이를 할 때 주변 친구들과 충돌하지 않게 조심하도록 지도하기

제자리 멀리뛰기는 기본 움직임 기술 중 하나로, 다리의 힘과 균형, 조정력을 활용해 최대한 멀리 도약하는 활동입니다. 팔과 다리의 협응 능력과 발바닥으로 미는 힘을 활용하면서 무게중심을 이동시켜야 추진력을 얻어 멀리 뛸 수 있습니다. 운동 감각이 발달한 아이들은 곧잘 할 수 있지만 발달이 더딘 아이들은 여러 번 반복이 필요합니다. 놀이를 하면서 자연스럽게 연습할 수 있도록 두 가지 활동으로 재구성했습니다.

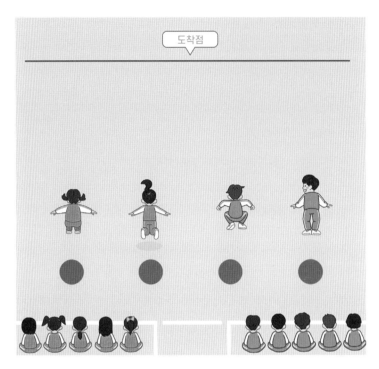

그림 8-1 · **멀리뛰기 놀이**

1) 연속 제자리 멀리뛰기

① 출발점에서부터 원마커 10개를 약 50센티미터 간격으로 놓는다.

② 출발점에서 교사가 멀리뛰기 자세를 한 사람씩 잡아 준다. 다리를 어깨너비로 벌리고 무게중심을 두 발에 분산시킨 후 상체를 약간 앞으로 숙인다. 무릎을 가볍게 굽히고 팔을 뒤로 젖혔다가 올리면서 두 발을 민 다

음 뛰어올랐다가 팔을 내리면서 착지한다.

③ 늘어놓은 원마커 중 어디까지 뛸 수 있을지 목표를 정하고 멀리뛰기를 한다.

④ 숨을 고르고 다시 멀리뛰기에 도전해 원마커 10개가 끝나는 지점까지 간다.

⑤ 한 사람이 끝나면 다음 사람이 도전한다.

2) 멀리뛰기 놀이

① 출발점에 4개의 원마커를 표시하고 네 사람이 준비한다.

② 교사의 신호와 함께 네 사람이 동시에 멀리뛰기를 한다.

③ 멈추고 숨을 고른 후 다시 멀리뛰어 도착점까지 도달한다. 몇 번을 뛰어 도착점에 도달하는지 세어 보게 한다.

집 지키기

기본 움직임 요소	도구 활용
기본 움직임 기술	조작 움직임
교과서 내용	• 공으로 목표물 맞추기 연습

	• 집 지키기 놀이 하기
특징	• 「탐험」 단원의 '공 던지고 받기'를 하며 익힌 공 정확하게 던지기와 연결되는 활동 • 스태킹 컵 10개로 집을 만들고, 무너지지 않게 방어하는 팀과 공을 던져 공격하는 팀이 서로 경쟁하는 놀이
재구성	• 공 던지기 연습: 목표 지점 정해 놓고 공 던지기 • 집 지키기: 스태킹 컵으로 쌓은 집 수비하며 공 막아 내기
재구성 활동 준비물	• 호루라기 또는 소고, 탱탱볼(한 사람당 1개), 스태킹 컵(20개), 고깔(2개)
주의점	• 공을 목표물에 맞춰 정확하게 던지는 연습하기 • 탱탱볼처럼 가벼운 공을 사용해 맞아도 다치지 않게 하기 • 교과서 속 그림처럼 두 팀이 동시에 사방팔방에서 공을 던지며 공격과 수비 활동을 하면 주의가 분산되어 안전사고가 발생할 확률이 높다는 점 기억하기

　「탐험」 단원의 '공 던지고 받기'는 친구가 던진 공을 받아 다시 친구에게 정확하게 던지는 놀이로, 공 잡기에 대한 불안감을 낮춰 줍니다. '집 지키기'는 목표물을 향해 공을 던지고 날아오는 공을 몸으로 막거나 받아 내는 활동입니다. 먼저 공을 던져서 고깔을 쓰러뜨리는 연습을 하고, 팀별로 한정된 공을 던져서 상대 팀의 집을 쓰러뜨리는 활동으로 재구성했습니다.

1) 공 던지기 연습

① 출발점에서 5미터 정도 떨어진 거리에 고깔을 놓고 출발점 옆에 공 바구니를 둔다.

② 출발점에서 공을 던져 고깔을 쓰러뜨리는 연습을 한다.

③ 한 번에 맞추면 뒤로 가 대기 줄 맨 뒤에 선다. 공은 한 번에 세 번까지 던질 수 있다. 세 번을 던지면 성공 여부와 상관없이 대기 줄 맨 뒤로 이동한다.

④ 고깔을 향해 던진 공은 도우미 세 사람이 주워 바구니에 담는다.

⑤ 모든 학생이 두 차례 연습할 수 있게 한다.

2) 집 지키기

① 두 팀으로 나누고 한 팀이 출발선에서 5미터 정도 떨어진 곳에 스태킹 컵으로 집을 쌓는다.

② 집을 쌓은 팀은 집 주변에 서서 날아오는 공을 잡거나 튕겨 내어 집을 방어한다.

③ 공격하는 팀은 한 사람씩 공을 던져 집을 쓰러뜨린다.

④ 정해진 시간(약 2분) 동안 공격하고 시간이 종료되면 역할을 바꾼다.

⑤ 종료 시간 전에 집이 쓰러지면 바로 역할을 바꾼다.

빈집 찾기 😁

기본 움직임 요소	걷기/달리기
기본 움직임 기술	이동 움직임
교과서 내용	• 바르게 걷는 자세로 이동하기 • 빈집 찾기 놀이 하기
특징	• 「하루」 단원의 '밤나무 놀이'를 하며 익힌 바르게 걷는 자세와 연결되는 활동 • 바르게 걸으면서 빈집이 어디에 있는지, 술래가 어디를 향해 걷는지를 파악하며 빈집을 채우는 놀이
재구성	• 바르게 걷기: 접시콘과 콩 주머니 머리에 올리고 걷기 • 구멍 막기: 술래가 구멍에 빠지지 않게 구멍 막기
재구성 활동 준비물	• 호루라기 또는 소고, 접시콘(2개), 콩 주머니(2개), 원마커(한 사람당 1개), 고깔(2개), 술래용 조끼(1개)
주의점	• 빈집을 찾아 이동할 때 절대 뛰지 않고 걸어야 한다는 점 숙지시키기 • 접시콘보다 콩 주머니가 떨어질 가능성이 더 높으므로 떨어지면 바로 주워 머리에 다시 올린 다음 손을 내리고 걷게 지도하기

교과서에 제시된 놀이 이름은 '빈집 찾기'입니다. 그러나 놀이가 진행되는 방식은 술래가 찾은 빈집을 주변 친구들이 차지하지 못하게 막아 버리는 서사로 진행되어 적절하지 못하다고 판단했습니다. 그래서 놀이의 서사를 바꾸었습니다. 술래가 구멍에 빠지지 않도록

옆 구멍에 있던 친구들이 도와줘 구멍을 막는다는 의미에서 '구멍 막기' 놀이라고 했습니다. 놀이 방법은 동일하지만 어떤 이름과 서사를 부여하느냐에 따라 놀이의 의미는 달라집니다.

1) 바르게 걷기

① 경쟁 활동 기본 배치에 맞게 정렬한다.

② 바르게 걷는 자세를 복습한다.

③ 각 팀에서 한 사람씩 나와 머리에 접시콘을 올리고 바른 자세로 걸어서 반환점을 돌아온다.

④ 접시콘을 다음 사람에게 넘기는 방식으로 선수를 교체한다.

⑤ 접시콘 올리고 바르게 걷기가 끝나면 이번에는 머리에 콩 주머니를 올리고 바른 자세로 걸어서 반환점을 돌아온다.

2) 구멍 막기

① 원마커를 학생 수만큼 체육관 곳곳에 놓는다(간격을 너무 넓게 하면 빈 곳이 잘 안 보일 수 있고 빨리 가려고 뛰는 아이들이 생기므로 서너 걸음으로 도착할 수 있는 정도로 배치한다).

② 교사와 가위바위보를 해 술래를 정한다.

③ 술래는 조끼를 입고 앞쪽에서 대기한다.

④ 나머지 학생들은 원마커에 올라가 구멍을 막는다. 한 곳은 빈 구멍으로

둔다.

⑤ 교사의 신호와 함께 구멍 막기 게임이 시작되면 술래는 빈 구멍을 찾아 간다.

⑥ 술래가 빈 구멍을 찾지 못하도록 구멍 옆에 있는 학생들이 이동해 구멍을 막는다.

⑦ 술래가 빈 구멍을 찾아 들어가거나 정해진 시간(약 3분)이 지나면 게임이 끝난다.

콩 주머니 던지기 2

기본 움직임 요소	던지기/차기/치기
기본 움직임 기술	조작 움직임
교과서 내용	• 던지기 자세 익히기 • 콩 주머니 던지기 놀이 하기
특징	• 「탐험」단원에서 경험한 '콩 주머니 던지기'와 달리 시계 반대 방향으로 돌다가 신호와 함께 멈추어 그 자리에서 콩 주머니를 던져 훌라후프 안에 넣는 활동
재구성	• 콩 주머니 넣기 연습: 콩 주머니 던져서 훌라후프 안에 넣기 • 콩 주머니 넣기: 콩 주머니 던져서 많이 넣기 • 콩 주머니 사방치기: 콩 주머니 이용해 사방치기 하기

재구성 활동 준비물	• 호루라기 또는 소고, 콩 주머니(한 사람당 1개), 훌라후프(4개), 원마커(4개), 접시콘
주의점	• 「탐험」 단원의 '콩 주머니 던지기'와 이름이 동일하므로 '콩 주머니 넣기'로 활동명 변경하기 • 콩 주머니를 훌라후프를 향해 던진 다음 훌라후프 안에 들어가면 3점, 훌라후프 안에서 손을 뻗어 집을 수 있으면 2점, 집을 수 없으면 1점을 얻는 식의 셈법은 너무 복잡하므로 생략하기

'콩 주머니 던지기' 활동은 1학기 「탐험」 단원에서 같은 이름으로 소개된 바 있습니다. 「탐험」 단원에서는 한 발로 균형 잡고 뛰어가서 훌라후프 안에 콩 주머니를 던져 넣는 활동이었습니다. 동일한 활동명을 사용하면 헷갈릴 가능성이 있어 여기에서는 '콩 주머니 넣기'로 명칭을 변경했습니다. 콩 주머니가 훌라후프에 들어갔느냐, 얼마나 떨어져 있느냐에 따라 점수를 다르게 주는 방식은 이 활동의 목적과 무관해 보여 훌라후프에 들어간 콩 주머니만 세어 보는 것으로 재구성했습니다. 또한 '콩 주머니 넣기'와 유사한 움직임 기술을 활용하는 '사방치기'를 대체 활동으로 제안했습니다.

1) 콩 주머니 넣기 연습

① 출발선에 원마커 4개를 일정 간격으로 놓고, 2미터 떨어진 곳에 훌라후프 4개를 놓는다.

초등 1학년 신체 활동의 모든 것

② 네 사람씩 나와 원마커 위에 선 다음 콩 주머니를 던져 훌라후프에 넣는 연습을 한다. 연습용 콩 주머니는 5개씩 사용한다.

③ 연습이 끝나면 자신이 던진 콩 주머니 5개를 주워서 원마커 옆에 둔다.

④ 다음 네 학생이 나와 연습한다.

⑤ 같은 방식으로 두 차례 반복한다.

2) 콩 주머니 넣기

① 놀이 공간 중앙에 훌라후프 4개를 모아 놓는다.

② 훌라후프에서 1~2미터 떨어진 곳에 접시콘으로 사각형을 만든다.

③ 한 팀에서 네 사람이 나와 사각형 모서리마다 한 사람씩 선 다음 콩 주머니를 들고 시계 반대 방향으로 천천히 달린다.

④ 교사의 신호에 멈추어 서서 훌라후프 안으로 콩 주머니를 던진 다음 자신의 팀으로 돌아간다.

⑤ 각 팀에서 네 사람씩 나와 같은 활동을 하고 성공한 콩 주머니 개수를 팀별로 헤아린다.

3) 콩 주머니 사방치기

① 「하루」 단원의 '리듬 뛰기' 활동에서 제시한 '사방 뛰기'처럼 원마커를 이용해 사방치기 판을 만든다.

② 콩 주머니를 이용해 1단계부터 10단계까지 사방치기를 한다.

맞추기 달리기

기본 움직임 요소	걷기/달리기
기본 움직임 기술	이동 움직임
교과서 내용	• 달리기 연습하기 • 맞추기 달리기 놀이 하기
특징	• 훌라후프로 3X3 빙고 판을 만들고 한 사람씩 콩 주머니를 던져 가로, 세로, 대각선에 같은 색 콩 주머니를 넣어 완성하는 놀이 • 달리기 기본 움직임 기술 사용하기를 목적으로 제시했으나 실제 활용되는 움직임 기술은 겨냥해 던지기, 몸 숙여 바닥에 있는 물건 집어 올리기 동작
재구성	• 달려가 넣기: 달려가서 콩 주머니 훌라후프에 넣고 돌아오기 • 콩 주머니 빙고: 같은 색 콩 주머니를 가로, 세로, 대각선에 넣어 빙고 완성하기
재구성 활동 준비물	• 콩 주머니(한 사람당 1개), 훌라후프(9~16개), 고깔(2개), 원마커(2개)
주의점	• '맞추기 달리기'를 '콩 주머니 빙고'로 활동명 변경하기 • 3X3 빙고를 한다면 같은 색 콩 주머니 3개씩 두 쌍을, 4X4 빙고를 한다면 같은 색 콩 주머니 4개씩 두 쌍을 준비하기 • 다른 팀의 콩 주머니를 옮기지 않도록 주의 주기

　　콩 주머니를 활용한 놀이입니다. 그런데 '맞추기 달리기'라고 하면 놀이 방법이 직관적으로 떠오르지 않아 '콩 주머니 빙고'로 명칭을 변경했습니다. 도입 단계로 기본적인 달리기 연습을 하기보다 달

려가서 멈추고 콩 주머니를 훌라후프 안에 넣는 연습이 본 활동과 더 연관성이 높을 듯해 '달려가 넣기'로 재구성했습니다. 이 활동은 걷기와 달리기를 주요 움직임 기술로 제시하고 있지만 실제로는 겨냥해 던지기, 몸 숙여 바닥에 있는 물건 집어 올리기 동작을 주로 사용하는 것으로 구성되어 있습니다.

1) 달려가 넣기

① 경쟁 활동 기본 배치에 맞게 정렬한다.

② 출발점과 반환점 사이에 원마커를 두고 1미터 떨어진 곳에 훌라후프 하나를 놓는다.

③ 콩 주머니를 들고 달려가다가 원마커에서 멈추어 콩 주머니를 던져 훌라후프 안에 넣는다. 실패하면 콩 주머니를 주워 들어갈 때까지 시도한다. 성공하면 달려서 반환점을 돌아 들어온다.

④ 다음 사람의 손을 터치하는 방식으로 선수를 교체한다.

⑤ 팀별로 실력 차가 크지 않으면 릴레이 게임으로 진행한다.

2) 콩 주머니 빙고

① 출발선에서 3미터 이상 떨어진 곳에 훌라후프나 액션 후프를 3X3으로 배치한다.

② 가로, 세로, 대각선에 같은 색 콩 주머니 3개가 일렬로 들어가야 함을

그림 8-2 · **콩 주머니 빙고**

설명한다.

③ 각 팀의 첫 번째 선수가 동시에 달려가 훌라후프에 콩 주머니를 던지고
돌아온다.

④ 두 번째 선수도 달려가 콩 주머니를 던진다.

⑤ 세 번째 선수도 달려가 콩 주머니를 던진다.

⑥ 콩 주머니를 일렬로 넣은 팀이 있으면 놀이는 끝난다.

⑦ 두 팀 모두 성공하지 못했다면 네 번째 선수가 달려가 콩 주머니 하나를
집어서 다른 위치에 던진다.

초등 1학년 신체 활동의 모든 것

⑧ 먼저 성공하는 팀이 이긴다.

⑨ 4X4 빙고도 도전해 본다.

허수아비 놀이 😊

기본 움직임 요소	높이뛰기/멀리뛰기
기본 움직임 기술	이동 움직임
교과서 내용	• 한 걸음 뛰기 연습하기 • 허수아비 놀이 하기
특징	• 「사람들」 단원의 '가위바위보 뛰기 놀이'와 유사한 활동 • 한 발씩 엇갈려 멀리 뛰는 움직임 기술을 익히는 것이 중요 • 1학기와 비교해 한 발 멀리뛰기 기술이 얼마나 발달했는지 확인하는 척도
재구성	• 한 발 뛰기: 다섯, 여섯, 여덟, 열 발 뛰기 복습하기 • 허수아비 놀이: '콩', '참새', '메뚜기', '허수아비', '고추잠자리', '가을이 왔어요', '곧겨울이됩니다', '2학년이될거예요'에 맞춰서 뛰어나갔다가 다시 뛰어 들어오기
재구성 활동 준비물	• 호루라기 또는 소고, 원마커(한 사람당 1개)
주의점	• 허수아비 놀이는 먼저 뛴 아이들이 멀리 뛰지 못하게 방해하는 동작을 할 수 있지만 위험하다고 판단되면 생략하고 자기 실력껏 멀리 뛰어 볼 기회 주기 • 「사람들」 단원의 '가위바위보 뛰기' 복습하기

한 발 멀리뛰기는 달리기의 속도와 도약력을 결합해 최대한 멀리 뛰는 운동 기술로, 여러 신체 능력을 조화롭게 활용할 수 있어야 합니다. 1학기에 「사람들」 단원에서 처음 시도한 한 발 뛰기를 복습하면서 1학기보다 신체 운동 능력이 얼마나 향상되었는지 확인해 보고, 허수아비 놀이를 하면서 뛰어나간 만큼 다시 뛰어 들어오는 활동으로 재구성했습니다.

1) 한 발 뛰기(「사람들」 단원의 '한 발 뛰기'와 동일)

① 경쟁 활동 기본 배치에서 출발점을 원마커로 표시한다.

② 다섯 발의 기준선을 접시콘으로 표시한다.

③ 각 팀에서 한 사람씩 나와 다섯 발 멀리뛰기를 한다.

④ 각 팀 학생이 모두 할 때까지 계속한다.

⑤ 다섯 발의 기준선을 넘어간 학생의 수만큼 성공 점수를 준다.

⑥ 여섯 발, 여덟 발, 열 발 뛰기도 같은 방식으로 진행한다.

2) 허수아비 놀이

① 한 발 뛰기와 같은 배치에서 원마커 위에서 선다.

② 동시에 "콩"을 외치며 한 발 멀리 뛴다.

③ 누가 가장 멀리 뛰었나 확인한다.

④ 다시 "콩"을 외치며 출발선으로 한 발에 뛰어 들어온다.

⑤ 동시에 "참새"를 외치며 두 발 멀리 뛴다.

⑥ 누가 가장 멀리 뛰었나 확인한다.

⑦ 다시 "참새"를 외치며 출발선으로 두 발에 뛰어 들어온다.

⑧ 이렇게 세 발(메뚜기), 네 발(허수아비), 다섯 발(고추잠자리), 여섯 발(가을

이왔어요), 일곱 발(곧겨울이옵니다), 여덟 발(2학년이될거예요)까지 진행

한다.

짝꿍 주사위

기본 움직임 요소	몸풀기
기본 움직임 기술	비이동 움직임
교과서 내용	• 짝과 함께 몸풀기 • 짝꿍 주사위 놀이 하기
특징	• 짝과 함께 몸풀기는 「학교」 단원의 '짝 체조 놀이'에 나온 내용 • 몸으로 글자 만들기 놀이와 유사 • 둘이 함께하는 스트레칭이 주된 활동
재구성	• 짝 체조 연습: '허리 뒤로 당기기', '어깨와 허리 펴 누르기', '허리 옆으로 당기기', '손잡고 앉았다 일어서기', '황소 씨름 고등어 씨름', '밥을 뜨자 국을 뜨자'에 맞춰 연습하기 • 짝꿍 주사위 놀이: 주사위를 던져서 나온 숫자에 맞는 짝 체조 동작 하기

재구성 활동 준비물	• 호루라기 또는 소고, 주사위, 훌라후프
주의점	• 「학교」 단원 속 '짝 체조 놀이'와 비슷한 동작으로 구성된 활동으로, 1학기에 배운 내용을 더욱 완벽하게 익히는 기회 제공하기 • 체격이 비슷한 친구와 짝 지어 주기 • 주사위에 동작 그림을 붙여서 만들기보다 1번에서 6번까지 동작을 연습해 주사위 숫자에 맞는 동작을 시연하는 것으로 놀이 방법 변경하기

'짝꿍 주사위'는 1학기에 한 '짝 체조 놀이'와 유사한 구성으로 주요 움직임 기술은 짝과 함께 몸풀기입니다. 새로운 동작이나 놀이를 제시하기보다 1학기에 배운 내용을 복습하며 짝과 몸푸는 방법을 다시 정확하게 배우는 기회를 제공하는 것으로 재구성했습니다. '짝꿍 주사위 놀이' 역시 1학기에 배운 내용을 활용했습니다. 짝 체조 놀이를 연습하면서 동작과 번호를 연결해 알려 주면, 짝꿍 주사위 놀이에서 주사위 숫자에 맞는 동작을 기억해서 하는 활동입니다. 교과서에서처럼 동작 그림을 출력해 주사위에 붙이는 수고를 하지 않아도 됩니다.

1) 짝 체조 연습(「학교」 단원의 '짝 체조 놀이'를 축약)

(1) 허리 뒤로 당기기

① 짝과 마주 보고 두 손으로 서로의 손목을 잡는다.

② 허리를 뒤로 당기며 몸을 뒤로 젖힌 채로 5초간 균형을 유지한다.

③ 천천히 허리를 세우며 일어난다.

(2) 어깨와 허리 펴 누르기

① 짝과 마주 보고 다리를 어깨너비로 벌린 다음 두 손으로 상대방의 어깨를 가볍게 누르며 엎드린다.

② 무릎을 펴고 상체를 90도로 숙인 다음 아래로 누르며 5초간 버틴 후 천천히 상체를 세운다.

(3) 허리 옆으로 당기기

① 짝과 옆으로 나란히 서서 짝과 가까운 쪽 손은 허리 아래에서 맞잡고 반대쪽 손은 머리 위에서 잡은 다음 중심을 바깥쪽으로 옮기며 허리를 옆으로 당긴다.

② 맞잡아 올린 팔이 처지지 않게 5초간 유지한 후 잡은 팔을 천천히 놓는다.

(4) 손잡고 앉았다 일어서기

① 짝과 마주 보고 다리를 어깨너비로 벌린 다음 두 손을 맞잡는다.

② 두 팔을 곧게 뻗으면서 무릎을 90도로 굽혀 앉았다가 3초간 버틴 다음 천천히 일어난다.

(5) 황소 씨름 고등어 씨름

① 짝과 마주 보고 다리를 어깨너비로 벌린 다음 두 손을 맞잡는다.

② "황소 씨름 고등어 씨름 어떻게 넘기나"라는 가사에 맞추어 몸을 왼쪽, 오른쪽으로 왔다 갔다 하며 호흡을 맞추다가 "요렇게 넘기지" 하면서 두 사람이 같은 방향으로 몸을 돌려 제자리로 온다.

(6) 밥을 뜨자 국을 뜨자

① 짝과 가까이 마주 본다.

② 두 손으로 서로의 손목을 잡고 "밥을 뜨자 국을 뜨자 반찬을 뜨자 물을 뜨자"라는 가사에 맞추어 허리를 뒤로 당기며 힘의 균형을 유지한 채 종 종걸음으로 돈다.

③ "맛있게 먹자 냠냠냠" 하면서 동시에 손을 놓고 자리에 앉는다.

2) 짝꿍 주사위 놀이

① 출발선에서 4미터 떨어진 곳에 훌라후프를 두고 그 안에 주사위를 놓는다.

② 두 사람씩 짝을 지어 주사위가 있는 곳까지 달려가 주사위를 던진다.

③ 주사위에 나온 숫자에 맞는 짝 체조 동작을 한 다음 손을 잡고 달려온다.

④ 안전하게 잘한 팀에게 박수를 보낸다.

그림 8-3 · **짝꿍 주사위 놀이**

기본 움직임 요소	몸풀기
기본 움직임 기술	비이동 움직임
교과서 내용	• 달리다가 멈추기, 멈추었다 달리기 연습하기 • 이랑 타기 놀이 하기
특징	• 이랑 타기를 몸풀기 활동으로 분류해 놓았지만 실제로는 달리기, 막기, 피하기 등 이동 움직임 기술을 많이 사용하는 놀이 • 달리기, 막기, 피하기 같은 이동 움직임 기술을 사용하는 다른 놀이로 충분히 대체 가능
재구성	• 달리다가 멈추기: 달리다가 멈추고 다시 달리기 릴레이로 진행하기 • 꼬리 빼기: 뒤춤에 보자기를 꽂고 달리면서 다른 친구의 꼬리 빼기
재구성 활동 준비물	• 호루라기 또는 소고, 원마커(2개), 고깔(2개), 꼬리용 손수건(한 사람당 1개)
주의점	• 달리다가 멈추고, 멈추었다 달리면서 자기 몸 제어하는 기술 연습하기 • 이랑 타기 놀이를 하려면 여러 개의 선을 미리 그려 놓아야 한다는 어려움이 있으므로 동일한 움직임 기술 사용하는 다른 놀이(고양이와 쥐 달리기, 얼음땡 놀이, 알까기 술래잡기, 꼬리 빼기 등)로 대체하기

고랑은 이랑(두둑)과 이랑 사이에 길고 좁게 들어간 곳을 말합니다. 사람들은 고랑을 지나다니며 김을 매거나 수확을 합니다. 이랑을 탄다는 것은 이랑을 밟지 않고 고랑에서 고랑으로 넘어간다는 뜻입

니다. 이랑 타기는 수비가 있는 이랑을 넘어서 고랑만 밟으며 목적지에 도달하는 놀이입니다. 하지만 교과서에 제시된 그림과 같이 이랑과 고랑을 그리는 일은 쉽지 않습니다. 접시콘으로 하면 경계선이 자꾸 흐트러지고 많은 접시콘을 깔기도 어렵습니다. 사다리 후프나 발판 사다리, 멀티 사다리로 고랑을 표시할 수도 있지만 해당 교구가 없는 학교가 더 많을 듯합니다. 그런 사정을 고려해 '꼬리 빼기'를 대체 활동으로 제시했습니다.

1) 달리다가 멈추기

① 경쟁 활동 기본 배치에 맞게 정렬한다.

② 출발점과 반환점 사이에 원마커 2개를 놓는다.

③ 출발점에서부터 달리기 시작해 첫 번째 원마커에 도착하면 멈추고, 다시 달리다가 두 번째 원마커에서 멈추었다가 다시 달려서 반환점을 돌고 달려서 들어온다.

2) 꼬리 빼기

① 한 팀당 열 사람 내외로 구성해 두 팀으로 나눈다.

② 위험한 물건이나 장비에 부딪히지 않는 범위에서 놀이 구역을 정한다.

③ 놀이 구역에 한 팀이 들어간 다음 뒤춤에 손수건을 끼워 넣어 꼬리처럼 만든다.

그림 8-4 · **꼬리 빼기**

④ 교사의 시작 신호와 함께 달려가 친구의 꼬리를 뺀다.

⑤ 꼬리가 빠진 학생들은 대기석으로 나오고 남은 친구들은 꼬리 빼기를 계속한다.

⑥ 달리며 하는 활동이므로 놀이 시간은 약 2분으로 제한하며, 놀이가 끝나면 팀을 바꾸어 계속한다.

초등 1학년 신체 활동의 모든 것

9장

「상상」에서의 신체 활동

'우리는 무엇을 하며 살아갈까' 영역에서 '우리는 경험하고 상상하고 만들며 생활한다'는 핵심 아이디어에 기반을 둔 단원입니다. 다양한 생각이나 의견에 대해 개방적인 태도를 형성하고(2바04-02), 상상한 것을 다양한 매체와 재료로 구현하며(2슬04-02), 자유롭게 상상하며 놀이하고(2즐04-02), 즐겁게 놀이하며, 건강하고 안전하게 생활하는(2즐01-01) 내용 등으로 구성되어 있습니다. 상상은 단순히 무엇인가를 떠올리는 행위가 아니라 기존의 지식과 경험을 바탕으로 그것을 넘어서는 새로운 것을 창조하는 데 토대가 되는 능력입니다.

　　「상상」 단원의 주제 활동은 질문하고 새로운 가능성 탐색하기를 중심으로 편성되어 있습니다. 그래서 대부분의 주제 활동은 '~한다면'으로 시작합니다. 반면, 「상상」 단원에서 제시하는 놀이 활동은 '상상하기'와 같은 심리적 활동과 크게 연관성이 없어 보입니다. 가을을 지나 겨울로 넘어가는 시기인 만큼 지난 1년간의 성장과 배움을 마무리하고 어떤 변화들이 있는지 확인하는 활동을 병행하기를 권합니다.

컵 쌓기

기본 움직임 요소	던지기/차기/치기
기본 움직임 기술	조작 움직임
교과서 내용	• 스태킹 컵과 친해지기 • 스태킹 컵 쌓고 허물기 • 컵 쌓기 놀이 하기
특징	• 던지기/차기/치기로 움직임 요소를 분류해 놓았으나 조작 움직임 기술 중 쌓기와 허물기, 이동 움직임 기술 중 달리기를 주로 하는 활동 • 개인용 컵을 쌓고 허무는 활동은 교실에서 진행 가능 • 큰 컵은 협력 활동을 목적으로 다양하게 활용 가능
재구성	• 컵 높이 쌓기: 정해진 수의 컵 높이 쌓기 • 피라미드 컵 쌓기: 피라미드처럼 안정된 구조로 컵 쌓기 • 컵 쌓기 릴레이: 컵을 하나씩 쌓고 다시 정리하는 릴레이 활동 하기
재구성 활동 준비물	• 스태킹 컵(12개 이상), 고깔(2개)
주의점	• 신체 활동에서는 개인용 작은 컵이 아닌 신체 활동용 큰 컵 주로 사용하기 • 동일한 수의 컵을 높이 쌓는 것과 안정적으로 쌓는 것은 다르다는 점 알려 주기 • 컵 쌓기와 허물기에도 순서가 있음을 강조해서 설명하기 • 스태킹 컵이 없다면 블록, 스캐터볼 등 활용하기

초등 1학년 신체 활동의 모든 것

어떤 물체를 쌓아 올리는 행위는 단순히 물리적 행동을 넘어 인간의 건축, 문화, 상징 체계와 밀접하게 연결되어 있습니다. 생존과 실용성을 목적으로 한 건축, 사회적 구조와 권력을 상징하는 기념물, 종교적 의례 행위로서의 탑과 제단의 구축 등 인류 문화의 곳곳에 쌓기 행위가 담겨 있습니다. '컵 쌓기'는 개인이 아닌 집단이 함께 협력해 구조물을 만드는 놀이입니다. 주어진 컵을 높이 쌓는 방법을 탐색하는 활동과 피라미드 모양으로 쌓는 것이 왜 안정적인지 알아보는 활동을 추가하는 방식으로 재구성했습니다.

1) 컵 높이 쌓기

① 여섯 사람씩 팀을 나누고 팀별로 모여 앉는다.

② 1단계: 컵 3개를 가능한 한 높이 쌓는다. 제한 시간 1분이 지나면 결과물을 확인한다.

③ 2단계: 컵 6개를 가능한 한 높이 쌓는다. 제한 시간 2분이 지나면 결과물을 확인한다.

④ 컵을 높이 쌓은 팀이 어떤 방법을 사용했는지 함께 확인한다.

2) 피라미드 컵 쌓기

① 여섯 사람씩 팀을 나누고 팀별로 모여 앉는다.

② 1단계: 컵 6개 피라미드 모양으로 쌓기. 제한 시간 1분이 지나면 결과물

을 확인한다.

③ 2단계: 컵 10개 피라미드 모양으로 쌓기. 제한 시간 2분이 지나면 결과물을 확인한다.

④ 컵을 안정적으로 쌓은 팀이 어떤 방법을 사용했는지 함께 확인한다.

3) 컵 쌓기 릴레이

① 경쟁 활동 기본 배치에 맞게 정렬한다.

② 각 팀의 출발선에 컵 6개를 포개 놓는다.

③ 첫 번째 학생이 컵 하나를 들고 달려가 반환점에 엎어 두고 온다.

④ 두 번째 학생이 컵 하나를 들고 달려가 1번 컵 옆에 엎어 두고 온다.

⑤ 세 번째 학생이 컵 하나를 들고 달려가 2번 컵 옆에 엎어 두고 온다.

⑥ 네 번째 학생이 컵 하나를 들고 달려가 1~2번 위에 컵을 엎어 두고 온다.

⑦ 다섯 번째 학생이 컵 하나를 들고 달려가 2~3번 위에 컵을 엎어 두고 온다.

⑧ 여섯 번째 학생이 컵 하나를 들고 달려가 4~5번번 위에 컵을 엎어 두고 온다.

⑨ 다시 첫 번째 학생이 달려가 6번 컵을 들고 온다.

⑩ 두 번째 학생이 5번, 세 번째 학생이 4번, 네 번째 학생이 3번, 다섯 번째 학생이 2번, 여섯 번째 학생이 1번 컵을 차례로 들고 들어와 포개 놓는다.

⑪ 다음 팀이 게임에 참여한다.

⑫ 컵 10개로 도전해 볼 수도 있다.

균형 잡기

기본 움직임 요소	밀기/당기기/균형 잡기
기본 움직임 기술	비이동 움직임
교과서 내용	• 바닥에서 중심 잡으며 걷기 • 평균대 오르고 내리기 • 평균대에서 다양한 방법으로 걷기
특징	• 지금까지는 평평한 바닥에서 균형을 잡고 행위를 했다면 균형 잡기는 평균대 위에 올라가 균형을 잡고 걸어 보며 심리적 부담을 극복하는 활동
재구성	• 선 위에서 균형 잡기: 바닥에 그려진 선 위에서 앞으로, 옆으로 걷다가 한 발 들고 균형 잡기 • 평균대 오르고 내리기: 오르고 내리는 자세 익히기 • 평균대 걷기: 평균대에서 앞으로, 옆으로 걷기
재구성 활동 준비물	• 호루라기 또는 소고, 반환점 표시용 고깔
주의점	• 「학교」 단원의 '균형 잡기 놀이'와 이름이 동일하므로 '평균대 걷기'로 활동명 변경하기 • 평균대 준비와 바닥에 매트 펴기에 필요한 여유 시간 확보하기 • 평균대에서 움직이는 행동에 집중할 수 있는 분위기 만들기 • 빠르게 하기보다 천천히 안정적으로 이동하기를 강조하기

평균대에 올라가는 행위 자체에 호기심을 느끼고 도전하고 싶어하는 아이들이 있는 반면, 높이에 대한 두려움, 친구들 앞에서 실수하

는 상황에 대한 불안함 위험에 대한 과도한 긴장 등으로 도전하지 않으려는 아이들도 있습니다. 1학년 아이들은 아직 균형 감각이 부족하고 신체 조절 능력이 발달하는 중이므로 주저하는 아이들은 교사가 손을 잡아 주면서 긍정적인 피드백을 해 활동에 참여하도록 독려합니다. 「학교」 단원의 '균형 잡기 놀이'와 명칭이 동일해 '평균대 걷기'로 활동명을 변경했습니다.

1) 선 위에서 균형 잡기

① 체육관 바닥에 그어진 선을 이용하거나 마스킹 테이프로 선을 만든다.

② 앞으로 걷기: 양팔을 벌려 중심을 잡는다. 시선은 앞을 보고, 내딛는 발을 디딘 발 앞으로 가져온다.

③ 옆으로 걷기: 평균대에 올라가 몸을 돌려 옆으로 선 다음 양팔을 벌려 중심을 잡는다. 오른발을 옮긴 후 왼발을 옮기며 걷는다.

④ 한 발 들고 균형 잡기: 시선은 앞으로 고정한 다음 양팔을 펴고 한쪽 발을 들어 균형을 잡는다.

⑤ 세 가지 동작을 연습한다.

2) 평균대 오르고 내리기

① 오르기: 평균대 앞에 서서 편한 발을 들어 평균대 위로 발을 디딘다. 반대편 발로 바닥을 치며 평균대 위로 올라간다.

초등 1학년 신체 활동의 모든 것

② 내리기: 시선을 바닥에 둔 다음 편한 발을 바닥으로 내리면서 중심을 옮긴다. 나머지 발도 내린다.

③ 자연스럽게 오르내릴 수 있게 연습한다.

3) 평균대 걷기

① 평균대에 오른 후 바닥에 있는 선 위에서 연습한 동작을 한다.

② 오르기 – 앞으로 걷기 – 내리기를 한다.

③ 오르기 – 옆으로 걷기 – 내리기를 한다.

④ 오르기 – 앞으로 걷기 – 한 발 들고 균형 잡기 – 내리기를 한다.

⑤ 익숙해지면 내리기를 할 때 살짝 뛰어내려 착지한다.

우리가 만드는 달리기

기본 움직임 요소	달리기/걷기
기본 움직임 기술	이동 움직임
교과서 내용	• 달리기 연습하기 • 훌라후프로 다양하게 놀기 • 훌라후프 활용해 달리기

특징	• 훌라후프를 이용한 움직임 곁들인 달리기 경주 • 달리기라는 움직임 기술에 훌라후프 다루는 여러 조작 움직임 기술을 더한 활동
재구성	• 굴리고 달리기: 훌라후프를 굴리고 달려가 잡은 후 반환점 돌아오기 • 징검다리 달리기: 훌라후프 5개를 징검다리처럼 뛰어서 달리기 • 둘이서 달리기: 둘이서 훌라후프 들고 달리기
재구성 활동 준비물	• 호루라기 또는 소고, 훌라후프(10개 이상), 고깔
주의점	• 너무 크거나 무겁지 않은, 꺾이거나 구부러지지 않은 훌라후프 사용하기 • 훌라후프로 자유롭게 탐색하며 노는 시간 제공하기 • 둘이서 달리기를 할 때 훌라후프를 함께 잡고 같은 방향을 보면서 속도에 맞춰 달릴 수 있도록 지도하기 • 넘어지지 않게 주의해야 한다는 점 강조하기

훌라후프는 허리, 팔, 다리 등 몸의 특정 부위를 이용해 회전시키거나 뛰어넘거나 통과하기에 사용되는 도구로 널리 알려져 있습니다. 유연성, 균형 감각, 근력, 협응력을 키우는 데 도움이 됩니다. '우리가 만드는 달리기'는 훌라후프를 이용한 다양한 움직임을 달리기 중간에 넣어서, 달리기만 했을 때의 단조로움을 줄이고 흥미와 호기심을 이끌어 내는 활동입니다. 교과서에 제시된 내용처럼 달리는 중간에 훌라후프를 활용해 여러 움직임을 할 수도 있지만 한 번에 한 가지만 결합하는 방식으로 재구성했습니다.

초등 1학년 신체 활동의 모든 것

그림 9-1 · **굴리고 달리기**

1) 굴리고 달리기

① 경쟁 활동 기본 배치에 맞게 정렬한다.

② 각 팀의 주자는 훌라후프를 세워 잡고 있다가 출발 신호와 함께 앞으로 힘껏 굴린다.

③ 굴러가는 훌라후프를 달려가 잡고 반환점을 돌아 들어온다.

④ 훌라후프를 다음 주자에게 넘겨준다.

⑤ 릴레이로 진행해 먼저 들어오는 팀이 이긴다.

2) 징검다리 달리기

① 경쟁 활동 기본 배치에 맞게 정렬한다.

그림 9-2 · **징검다리 달리기**

② 출발점과 반환점 사이에 훌라후프 3~5개를 늘어놓는다.

③ 각 팀의 주자는 한 발 뛰기로 훌라후프를 통과해 반환점을 돌아온다.

④ 다음 선수의 손을 터치하는 방식으로 릴레이를 이어 간다.

3) 둘이서 달리기

① 경쟁 활동 기본 배치에 맞게 정렬한다.

② 각 팀에서 두 사람씩 나와 훌라후프 하나를 가운데에 두고 함께 잡는다.

③ 출발 신호와 함께 달려가 반환점을 돌아 들어온다.

④ 다음 두 사람이 훌라후프를 넘겨받아 들고 달려간다.

초등 1학년 신체 활동의 모든 것

⑤ 마지막 팀까지 릴레이로 경기를 이어 간다.

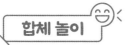

합체 놀이

기본 움직임 요소	몸풀기
기본 움직임 기술	비이동 움직임
교과서 내용	• 거울 놀이 하기 • 합체 놀이 하기
특징	• 주변 사물이나 동물, 사람 등을 흉내 내는 동작을 만들어 보는 활동 • 술래의 동작을 거울처럼 따라 하는 거울 놀이 • 상체 동작을 하는 친구와 하체 동작을 하는 친구를 반반씩 따라 하는 합체 놀이
재구성	• 몸풀기 체조: 아이들이 좋아하는 노래에 맞춘 체조 영상으로 몸풀기 • 나만의 동작 만들기: 좋아하는 동물이나 캐릭터를 흉내 내어 동작 만 들기 • 친구 동작 따라 하기: 술래가 하는 동작 따라 하기
재구성 활동 준비물	• 호루라기 또는 소고, 〈그대로 멈춰라〉 음원

주의점	• 평소 좋아하는 동물이나 캐릭터를 흉내 내어 동작 만들 때 내성적인
	  학생들이 자신감을 갖고 할 수 있도록 지원하기
	• 친구들 앞에서 발표할 때 격려하기
	• '친구 동작 따라 하기'를 할 때 모든 학생에게 술래 역할을 할 기회 제
	  공하기

비이동 움직임 기술로 몸풀기 운동과 관련된 활동입니다. 두 사람이 무대에 올라 서로 다른 동작을 하면 다른 학생들은 상체는 1번 친구를, 하체는 2번 친구를 흉내 내는 놀이입니다. 몸풀기와 균형 잡기 기능과 관련이 있는 활동으로 아이들이 좋아하는 노래에 맞춘 몸풀기 체조를 한 동작씩 배워 보거나 좋아하는 동물의 동작을 한 사람이 하면 나머지 친구들이 따라 하는 방식으로 진행할 수 있습니다.

1) 몸풀기 체조

① 저학년 몸풀기 체조를 인터넷에서 검색해 알맞은 영상을 선택한다. 익숙한 노래에 맞춘 체조 영상이 좋다.

② 영상 전체를 함께 보고 한 동작씩 연습한 후 연결해서 한다.

③ 추천 영상 중 몇 가지를 정해 연습한 후 신체 활동 시간마다 활용한다.

2) 나만의 동작 만들기

①「학교」단원의 '따라 하기 놀이'와「약속」단원의 '짝꿍 주사위'에서 배운 동작을 떠올려 본다.

② 좋아하는 동물이나 캐릭터를 흉내 내어 자신만의 동작을 만든다.

③ 친구들 앞에서 자신이 만든 동작을 소개한다.

3) 친구 동작 따라 하기

① 무대에 있는 친구가 잘 보이도록 충분한 간격을 두고 선다. 필요하다면 원마커로 위치를 지정한다.

② 한 사람씩 무대에 오른다.

③ "즐겁게 춤을 추다가"라는 가사에 맞춰 자유롭게 움직이다가 "그대로 멈춰라"에서 나만의 동작을 하면 친구들이 따라 한다.

④ 순서에 맞게 올라와 동작을 한다.

▪ '몸 튼튼 기지개 체조' 영상 [출처: 유튜브 채널 '채널GO3 | 경기도교육청']

▪ '해피 체조' 영상 [출처: 유튜브 채널 '흥딩스쿨']

▪ '국민 체조' 영상 [출처: 유튜브 채널 '대한수영연맹']

동물 달리기

기본 움직임 요소	걷기/달리기
기본 움직임 기술	이동 움직임

교과서 내용	• 다양한 동물 달리기 흉내 내기 • 동물 달리기 놀이 하기
특징	• 달리기, 뛰어오르기, 건너뛰기, 번갈아 뛰기, 말 뛰기, 기어가기 등 다양한 이동 움직임 기술 활용 • 동물의 특징에 맞는 이동 움직임 기술 발견
재구성	• 동물 달리기 연습하기: 토끼, 거북, 꽃게, 캥거루, 사자 모습 흉내 내며 달리기 • 동물 왕국 달리기: 자신 있는 동물을 선택해 같은 동물을 선택한 친구들과 달리기 시합하기
재구성 활동 준비물	• 호루라기 또는 소고, 고깔(2개)
주의점	• 좋아하는 동물 이름을 말하고 몸으로 자신 있게 움직임을 표현하도록 격려하기 • 동물 왕국 달리기를 할 때 같은 동물을 선택한 학생이 여럿일 수도, 한 사람일 수도 있는데 한 사람이 선택한 동물도 달리기 시합에 참여하도록 기회 주기

걷기나 달리기는 단순한 운동처럼 보이지만 각기 다른 방법으로 걷거나 달리면 여러 근육이 활성화되고, 심폐 지구력이나 순발력, 민첩성, 균형 감각 등이 향상됩니다. 달리기, 뛰어오르기, 건너뛰기, 번갈아 뛰기, 말 뛰기, 기어가기 등 다양한 이동 움직임 기술을 토끼, 거북, 꽃게, 캥거루, 독수리, 사자 같은 동물과 연결해 연습한 후 '동물 왕국 달리기' 놀이를 하는 것으로 재구성했습니다. 교과서와 지도서에서는 일정 구간은 토끼, 일정 구간은 독수리, 캥거루, 개 등으로 바

꾸면서 달리는 것으로 제시하지만 구간마다 표지판을 만들어 사용하기에는 번거로움이 있어 '동물 왕국 달리기'로 변경했습니다.

1) 동물 달리기 연습하기

① 토끼 뛰기(깡총 뛰기), 거북 걷기(네 발 걷기), 게걸음(옆으로 걷기, 옆으로 뛰기), 캥거루 뛰기(뛰어오르기), 사자 달리기(네 발 달리기) 등을 한 동작씩 연습한다.

② 동물 움직임을 잘 기억하고 움직일 수 있게 연습한다.

③ 가장 자신 있는 동물 달리기를 선택한다.

2) 동물 왕국 달리기

① 같은 동물을 선택한 학생들끼리 한데 모인다.

② 토끼 팀이 나와서 토끼 달리기를 한다. 누가 가장 토끼처럼 뛰었는지 관찰한다.

③ 이어 거북 팀, 꽃게 팀, 캥거루 팀, 사자 팀이 달리기를 한다.

④ 달리기가 한 차례 끝나면 다른 동물을 선택해 동물 왕국 달리기를 진행한다.

마법사 놀이 😄

기본 움직임 요소	밀기/당기기/균형 잡기
기본 움직임 기술	비이동 움직임
교과서 내용	• 다양한 자세로 균형 잡기 • 마법사 놀이 하기
특징	• 균형 잡기는 여러 번 반복해 소개했을 만큼 중요한 활동 • 5초 이상 혹은 끝까지 균형 유지하는 학생을 격려해 도전 정신 이끌어 내는 놀이
재구성	• 무궁화 숫자 놀이: 무궁화꽃 놀이에 숫자 균형 잡기 결합하기 • 동물 꽃이 피었습니다: 동물 흉내 내며 놀이하기 • 텔레파시 균형 잡기: 술래와 같은 동작 동시에 하기
재구성 활동 준비물	• 호루라기 또는 소고, 반환점 표시용 고깔
주의점	• '무궁화 숫자 놀이'와 '동물 꽃이 피었습니다'를 충분히 즐길 수 있도록 시간 주기 • '텔레파시 균형 잡기'를 할 때 동작 정확하게 해야 텔레파시가 통했는지 확인할 수 있다는 점 강조하기

'마법사 놀이'는 균형 잡기 움직임 기술 활동으로, 다양한 자세로 균형을 잡고 유지하는 능력을 기르는 놀이입니다. 균형 감각 및 신체 조절 능력 발달에 꼭 필요한 활동이기 때문에 1학년 신체 활동에서 여러 번 반복해서 나옵니다. 새로운 균형 잡기 놀이를 도입할 수도 있

지만 「학교」 단원의 '무궁화 숫자 놀이'와 '동물 꽃이 피었습니다'를 하면서 배운 내용을 복습하고, 술래와 같은 동작을 하는 친구가 술래가 되는 '텔레파시 균형 잡기'를 하는 것으로 재구성했습니다.

1) 무궁화 숫자 놀이(「학교」 단원의 '무궁화 숫자 놀이'와 동일)

① 아이들을 안전선 안쪽에 옆으로 나란히 간격을 두고 서게 한다.

② 교사는 호루라기를 들고 체육관 뒤쪽 벽에 자리 잡는다.

③ 교사가 "무궁화꽃이 피었습니다. 3!"이라고 외치면 아이들은 신체 세 부분을 바닥에 닿게 하고 균형을 잡는다.

④ 교사는 잘하고 있는지 한 사람씩 살피고, 넘어지거나 포기하는 등 정해진 시간 동안 균형 잡기에 실패한 아이들을 불러내어 교사 옆에 서게 한다.

⑤ 숫자를 바꾸어 가며 활동하고 적절하게 하지 못한 아이는 벽에 등을 대고 교사 옆에 나란히 선다.

⑥ 살아 있는 학생이 교사를 터치하면 아이들은 안전선 안쪽으로 달려간다.

2) 동물 꽃이 피었습니다(「학교」 단원의 '동물 꽃이 피었습니다'와 동일)

① 아이들을 안전선 안쪽에 옆으로 나란히 간격을 두고 서게 한다(학생 수가 스물네 명 이상이라면 인원을 반으로 나누어 반은 자리에서 친구들이 하는 모습을 보며 대기하게 한다).

② 교사는 호루라기를 들고 체육관 뒤쪽 벽에 자리 잡는다.

③ 교사가 "오리 꽃이 피었습니다"라고 외치면 아이들은 오리 흉내를 낸다.

④ 동물을 바꾸어 가며 활동하고, 제대로 흉내 내지 못한 아이는 교사 옆쪽 벽에 등을 대고 나란히 서서 잘못 흉내 낸 친구를 찾는다(손가락을 걸지 않아도 활동에 문제가 없다).

⑤ 살아 있는 학생이 교사를 터치하면 아이들은 안전선 안쪽으로 달려간다. 놀이 방법에 익숙해질 때까지 교사가 계속해서 술래를 맡는다.

3) 텔레파시 균형 잡기

① '무궁화 숫자 놀이'에서 사용한 1부터 5까지의 동작과 '동물 꽃이 피었습니다'에서 사용한 여섯 가지 동물 동작을 한 번씩 연습한다.

② 술래를 정한다. 술래는 무대 위 혹은 잘 보이는 곳에 선다.

③ 〈우리 모두 다 같이〉 노래에 맞추어 자유롭게 움직이다가 노래가 끝나면 열한 가지 동작 중 하나를 선택해 표현한다.

④ 술래와 같은 동작을 한 친구는 텔레파시가 통한 것이고, 텔레파시가 통한 친구가 술래가 된다.

⑤ 같은 동작을 한 친구가 여럿이면 가위바위보로 술래를 정한다.

가위바위보 술래잡기

기본 움직임 요소	걷기/달리기
기본 움직임 기술	이동 움직임
교과서 내용	• 호루라기 신호에 따라 달리기 • 가위바위보 술래잡기 놀이 하기
특징	• 「사람들」 단원의 '잡기 놀이'와 유사 • 가위바위보에서 지면 도망가고 이기면 잡으러 가는 놀이로, 판단력, 민첩성, 순발력 필요
재구성	• 신호 달리기: 교사의 호루라기 신호에 따라 방향 바꿔 달리기 • 달려와 가위바위보: 지면 도망가고 이기면 잡으러 가기 • 잡기 놀이: 수건돌리기, 꼬리 빼기, 고양이와 쥐 달리기 등 다양한 잡기 놀이 하기
재구성 활동 준비물	• 호루라기 또는 소고, 고깔(2개), 원마커(10개 이상)
주의점	• 「사람들」 단원의 '잡기 놀이'가 가운데에 서서 가위바위보를 한 다음 도망가거나 잡는 놀이라면, '가위바위보 술래잡기'는 양쪽 끝에서 가운데로 달려와 마주치는 지점에 서서 가위바위보를 하는 활동으로, 달려와 멈추는 동작 추가하기 • 양쪽 출발선에서 달려와 멈출 때 몸을 제어해 충돌하지 않도록 지도하기 • 한 번에 세 팀에서 다섯 팀씩 진행해 학생들이 충분히 간격을 두고 활동할 수 있도록 배치하기

'가위바위보 술래잡기'는 「사람들」 단원의 '잡기 놀이'와 매우 유사합니다. '잡기 놀이'가 가운데에 서서 가위바위보를 한다면, 이 활

동은 양쪽 끝에서 가운데로 달려와 마주치는 지점에 서서 가위바위보를 합니다. 양쪽에서 힘껏 달려와 멈추는 동작이 추가되므로 서로 충돌하지 않게 주의해야 합니다. 교사의 호루라기 신호에 따라 방향을 바꾸며 달리는 연습을 할 수 있게 '신호 달리기'를 추가하고, 달려와서 가위바위보를 하는 것에 방점을 두어 '달려와 가위바위보'로 활동명을 변경했습니다.

1) 신호 달리기

① 출발선과 도착선을 원마커로 표시한다.

② 출발선에 다섯 사람에서 열 사람이 가로로 길게 선다.

③ 교사가 호루라기를 한 번 불면 앞으로 달리고, 두 번 불면 뒤로 달린다.

④ 앞뒤로 반복해 달리며 몸의 방향을 바꿔 달리는 연습을 한다.

2) 달려와 가위바위보

① 신호 달리기 대형으로 준비한 다음 출발선과 도착선에 각각 세 사람이 마주 선다.

② 교사의 신호와 함께 가운데로 달려가 짝과 만나는 곳에 선다.

③ 가위바위보를 해서 지면 원래 있던 곳으로 도망가고, 이기면 진 사람을 잡으러 간다.

④ 잡히지 않고 출발선에 도착하면 무승부, 도착 전에 잡으면 1점을 얻

초등 1학년 신체 활동의 모든 것

그림 9-3 · **달려와 가위바위보**

는다.

⑤ 다른 팀과 충돌 위험이 있으므로 직선으로 달리도록 안내한다.

임금님 모시기 놀이

기본 움직임 요소	걷기/달리기
기본 움직임 기술	이동 움직임

교과서 내용	• 협동해 움직이기 • 임금님 모시기 놀이 하기
특징	• 강강술래의 대문 놀이와 유사
재구성	• 문 만들기: 두 사람씩 짝을 지어 손 맞잡아 문 만들기 • 터널 만들기: 문 이어서 터널처럼 만들기 • 대문 놀이: 문을 터널처럼 만들고 그 사이 빠져 나가기
재구성 활동 준비물	• 호루라기 또는 소고, 고깔(2개)
주의점	• 문 만들기나 터널 만들기, 대문 놀이를 할 때 가급적 키가 비슷한 친구와 문을 만들 수 있게 키 순서대로 서도록 안내하기 • 대문 놀이를 할 때 문을 만든 아이들이 지나가는 친구들의 등을 치거나 때리는 등 장난을 하지 않도록 주의 주기

'임금님 모시기 놀이'는 강강술래의 대문 놀이와 비슷합니다. 대문 놀이에 다리 놓기 놀이를 결합한 형태로 '임금'이 문을 통해 도착 지점에 도착하도록 연이어 문을 만드는 놀이입니다. 친구들이 터널처럼 만들어 준 문을 통과하는 활동을 1학년 아이들은 대부분 즐거워합니다. 그래서 모든 아이가 문으로 만든 터널을 통과하고 싶어 하죠. 그래서 '임금님 모시기 놀이'로 변형하지 않고 '대문 놀이'를 배우는 활동으로 재구성했습니다. 둘이서 문 만들기, 터널 만들기 등을 연습해 보는 활동도 추가했습니다.

초등 1학년 신체 활동의 모든 것

1) 문 만들기

① 키 순서대로 두 줄로 서서 짝과 마주 본다.

② 교사의 호루라기 소리에 박자를 맞추며 마주 보고 걸어와 짝과 손을 맞잡는다. 손을 잡을 때는 손목이 꺾이지 않도록 깍지를 끼거나 손뼉 치는 자세로 잡는다.

③ 교사는 손을 바르게 잡았는지 확인하고 교정해 준다.

④ 문 만드는 연습을 두세 번 반복한다.

2) 터널 만들기

① 키 순서대로 한 줄로 서서 앞을 본다.

② 맨 앞의 두 사람이 나와 문을 만들면 다음 사람들이 그 문을 통과해 나와 둘씩 손을 맞잡아 문을 만든다.

③ 모든 친구가 통과해 문을 연결하면 터널이 완성된다.

④ 맨 처음 문을 만든 두 친구가 터널을 통과해서 다시 문을 만들면 놀이가 끝난다.

3) 대문 놀이

① 모든 학생이 둥그렇게 서서 옆 사람의 손을 잡는다.

② 누가 먼저 대문을 만들지 정한다.

③ 교사가 호루라기로 박자를 맞추면 선두가 문을 만들고 나머지는 문을 통

과하면서 둘씩 손을 맞잡아 터널을 만든다.

④ 선두가 터널을 통과하면 나머지 친구들도 맞잡은 손을 풀고 한 줄로 따라 나온다.

⑤ 처음 시작할 때처럼 둥글게 원으로 둘러서면 놀이가 끝난다.

10장

「이야기」에서의 신체 활동

'우리는 무엇을 하며 살아갈까' 영역에서 '우리는 느끼고 생각하고 표현하며 살아간다'는 핵심 아이디어에 기반을 둔 단원입니다. 여럿이 하는 활동에 관심을 갖고 자발적으로 협력하고(2바04-03), 경험한 것 중에서 관심 있는 주제를 정하고 조사하며(2슬04-03), 생각이나 느낌을 살려 전시나 공연 활동을 하고(2즐04-03), 즐겁게 놀이하며, 건강하고 안전하게 생활하는(2즐01-01) 내용 등으로 구성되어 있습니다. 지난 1년 동안 학교에서 주변 사람들과 어울려 살아가며, 우리나라를 넘어 새로운 곳을 탐험하면서, 서로의 안녕을 위해 약속을 만들고 실천한 일을 이야기로 묶어 마무리하는 단원입니다.

인간은 경험과 상상을 서사적으로 조직해 이야기하는 성향이 있습니다. 이야기를 통해 의미를 부여하고, 공감하며 소통하고, 문화와 역사를 만들어 갑니다. 1년간의 성장 이야기를 전시와 공연으로 나눌 수도 있지만, 신체 활동에 이야기를 더해 놀이를 창조하며 구성하는 능력을 키울 수도 있습니다. 교과서에서는 겨울에 배우는 단원이라고 가정하고 신체 활동을 실내 활동 중심으로 배치한 듯한데 겨울에 할 수 있는 야외 활동을 추가해도 좋겠습니다.

선 따라 걷기

기본 움직임 요소	걷기/달리기
기본 움직임 기술	이동 움직임
교과서 내용	• 여러 가지 모양의 선 따라 걷기 • 선 따라 걷기 변형한 놀이 하기
특징	• 직선, 곡선, 꺾은 선, 달팽이 선을 따라 방향을 바꾸며 걷는 놀이 • 경로를 보며 미리 예측하고 몸의 방향을 바꾸어 걷는 활동은 균형 감각, 민첩성, 공간 인식 능력을 향상시키는 데 효과적
재구성	• 제자리 방향 전환: 왼쪽, 오른쪽, 뒤쪽으로 방향 전환하기 • 지그재그 걷기와 달리기: 호루라기 신호에 따라 지그재그로 걷기 및 달리기 • 지그재그 꽃게 놀이: 게걸음으로 지그재그 달리기
재구성 활동 준비물	• 호루라기 또는 소고, 접시콘, 고깔
주의점	• 선 따라 걷기는 1학년 신체 활동에서 꾸준히 나오는 내용인 만큼 같은 활동을 반복하기보다 변화를 주어 흥미 유지하기 • 오른쪽, 왼쪽을 구분하지 못하는 학생들이 있으므로 방향 전환 연습 꾸준히 하기 • 긴 줄이 있다면 선 따라 달리기를 할 때 줄을 이용해 다양한 선 모양 만들기 • 필요하다면 방향 전환 걷기와 달리기 연습에 도움이 되는 멀티 사다리 혹은 발판 사다리 준비하기

방향을 바꾸어 걷거나 달리는 신체 활동은 균형 감각, 민첩성, 공간 인식 능력이 필요한 움직임 기술입니다. 이는 신호에 맞게 재빨리

초등 1학년 신체 활동의 모든 것

방향을 전환하면서 무게중심을 이동시키고, 반응 속도를 짧게 하는 연습을 통해 숙달됩니다. 교과서에는 다양한 선을 따라 걷는 활동으로 제시되어 있지만, 제한된 시간 안에 여러 모양의 선을 그리고, 수업을 마치면 다시 정리하는 데 시간이 걸린다는 문제가 있습니다. 반복되는 선 따라 걷기가 아니라 신호에 따라 방향을 바꾸며 걷기, 달리기, 옆으로 걷기(게걸음, 사이드 스텝)를 연습하는 내용으로 재구성했습니다.

1) 제자리 방향 전환

① 네 줄로 서서 호루라기 소리에 맞추어 제자리걸음을 한다.

② 교사가 "우향우"라고 하면 오른쪽으로, "좌향좌"라고 하면 왼쪽으로, "뒤로 돌아"라고 하면 뒤로 도는 연습을 한다. 연습 시작 전에 오른손잡이와 왼손잡이를 확인하고 어느 방향이 오른쪽인지 알려 준다.

③ 오른쪽 방향으로 몸을 돌리는 연습을 한다.

④ 왼쪽 방향으로 몸을 돌리는 연습을 한다.

⑤ '뒤로 돌아'는 오른발을 왼발 뒤에 찍고 오른쪽으로 몸을 돌리는 동작으로 연습한다.

⑥ '우향우', '좌향좌', '뒤로 돌아'를 섞어서 연습한다.

2) 지그재그 걷기와 달리기

① 출발점과 반환점을 표시한다.

② 놀이를 시작하기 전, 교사의 신호(호루라기 한 번은 오른쪽, 두 번은 왼쪽)에 따라 방향을 전환하도록 안내한다.

③ 호루라기가 한 번 울리면 오른쪽으로 걷다가, 두 번 울리면 왼쪽으로 방향을 바꿔 걷기를 반복한다. 반환점에 도달하면 직선 달리기로 돌아온다.

④ 한 사람씩 차례로 연습한다.

⑤ 첫 번째는 걷기, 두 번째는 달리기로 진행한다.

⑥ 출발점과 반환점 사이에 접시콘을 지그재그 모양으로 놓고 접시콘이 나오면 방향을 바꾸게 할 수도 있다.

3) 지그재그 꽃게 놀이

① '게걸음'은 「사람들」 단원의 '그물 놀이'와 「탐험」 단원의 '여러 가지 방법으로 걷기'에서 배운 내용임을 상기시키고 한 번씩 연습한다.

② 호루라기 신호에 따라 오른쪽, 왼쪽으로 방향을 바꾸며 게걸음으로 걷는다. 반환점에 도달하면 직선 달리기로 돌아온다.

초등 1학년 신체 활동의 모든 것

기차 놀이

기본 움직임 요소	걷기/달리기
기본 움직임 기술	이동 움직임
교과서 내용	• 기차 만들기 • 긴 줄 기차 놀이 하기 • 훌라후프 기차 놀이 하기
특징	• 친구들과 동작을 맞추어 걷거나 뛰는 활동으로, 참여하는 학생이 많아질수록 난이도가 높아지는 놀이 • 직선으로 달릴 때보다 반환점 돌 때 높은 집중력 필요 • 다 같이 속도 줄일 때와 몸의 방향 바꿀 때 주의가 요구되는 활동
재구성	• 어깨 기차: 앞사람 어깨에 손 올리고 달리기 • 허리 기차: 앞사람 허리나 옷 잡고 달리기 • 다리 기차: 앉은 상태에서 뒷사람 다리 잡고 달리기 • 훌라후프 기차: 훌라후프에 두 사람이 들어가 달리기 • 긴 줄 기차: 긴 줄 사이에 여러 사람이 들어가 달리기
재구성 활동 준비물	• 호루라기 또는 소고, 훌라후프, 긴 줄 또는 코퍼 밴드, 고깔
주의점	• 앞사람과 발이 맞지 않아서 걸려 넘어지거나 달리는 속도 차이로 서로 부딪치는 사고가 일어날 수 있으므로 주의하기 • 허리를 잡으라고 하면 아이들 대부분 옷을 잡는데, 허리를 잡았을 때의 간지러움을 참지 못하는 아이들도 있으므로 옷 잡기 허용하기 • 두세 사람씩 소수로 연습하고 점차 인원을 늘려 안전하게 움직이는 방법 익히도록 안내하기 • 다양한 교구(코퍼 밴드, 멀티 사다리, 후프 사다리 등)를 활용해 좀 더 안전하고 간단하게 활동하기 • 너무 오래 달리면 다리가 풀려 넘어질 수 있으므로 쉬고 싶어 하는 학생에게는 언제든 쉬는 시간 허용하기

기차 놀이는 단순한 신체 활동처럼 보이지만 사회성, 협응력, 리더십, 공간 인식 능력 등 여러 교육적 요소가 담긴 놀이입니다. 달리기, 방향 바꾸기, 속도 조절하기 등 이동 움직임 기술 향상뿐 아니라 협응력과 리듬감, 판단력, 협동심을 길러 줍니다. 교구 없이 신체를 이용하거나 줄넘기 줄을 묶어서 활용할 수 있고, 코퍼 밴드, 멀티 사다리, 후프 사다리 같은 교구 사용도 가능합니다. 각 학교의 상황에 맞게 적용할 수 있습니다.

1) 어깨 기차

① 두 사람이 앞뒤로 선 다음 뒤에 선 사람이 앞사람의 어깨 위에 손을 올리고 달려서 반환점을 돌아온다.

② 구호에 맞춰 안전하게 걷는 기차인 만큼 '무궁화호'라고 이름 붙인다.

③ 두 번째 차례에서는 인원을 늘려서 도전한다.

2) 허리 기차

① 세 사람이 앞뒤로 선 다음 뒤에 선 두 사람이 앞사람의 허리를 잡고 달려서 반환점을 돌아온다.

② 어깨 기차보다 속도를 낼 수 있는 만큼 '새마을호'라고 이름 붙인다.

③ 두 번째 차례에서는 인원을 늘려서 도전한다.

초등 1학년 신체 활동의 모든 것

3) 다리 기차

① 네 사람이 한 줄로 앉아 앞사람 몸을 사이에 두고 다리를 벌려 굽힌 다음
   뒷사람의 다리를 잡는다.

② 다리를 내밀고 엉덩이를 당기는 방식으로 이동해 반환점을 돌아온다.

③ '애벌레 놀이'와 유사하므로 '애벌레 기차'라고 이름 붙인다.

4) 훌라후프 기차

① 훌라후프 2개를 연결해 세 사람이 탄 기차를 만든다.

② 훌라후프를 잡고 달려서 반환점을 돌아온다.

③ 빠르게 달릴 수 있는 만큼 'KTX'라고 이름 붙인다.

5) 긴 줄 기차

① 긴 줄의 양 끝을 묶어 기차를 만든다. 긴 줄넘기나 코퍼 밴드 등을 이용할
   수 있다.

② 맨 앞자리 학생은 기관사, 맨 뒷자리 학생은 승무원 역할을 맡는다.

③ 손님은 한 사람에서 점차 늘릴 수 있으며, 처음에는 기관사와 승무원만
   태우고 달리다가 역을 지나면서 한 사람씩 타는 놀이로 변용할 수도
   있다.

손 씨름

기본 움직임 요소	밀기/당기기/균형 잡기
기본 움직임 기술	비이동 움직임
교과서 내용	• 몸풀기 • 손 씨름 놀이 하기
특징	• 두 사람이 손을 대각선으로 맞잡고 서서 힘을 겨루는 놀이 • 「하루」 단원의 '한 줄 씨름'에서 줄을 밀거나 당겨 상대의 균형을 깨뜨리는 놀이와 유사
재구성	• 한 줄 씨름: 줄을 밀거나 당겨서 힘겨루기 • 손바닥 씨름: 손바닥을 맞대고 치거나 피하기 • 손 씨름: 손을 잡고 서서 밀거나 당기기
재구성 활동 준비물	• 호루라기 또는 소고, 원마커, 고깔
주의점	• 손 씨름 하나만 제시되어 있어 활동이 단조롭다는 점 고려하기 • 넘어질 때 다치지 않게 매트 준비하기 • 본격적인 활동 전에 관절 운동으로 몸 충분히 풀게 지도하기

학생들은 「우리나라」 단원의 '씨름'에서 팔씨름을 이미 경험한 바 있습니다. 이번에 다루는 손 씨름은 팔씨름과 달리 서서 손을 맞잡고 균형을 유지하면서 손을 위아래로 움직이며 밀고 당기는 놀이입니다. 균형 감각을 비롯해 하체 근력까지 필요한 종합적인 신체 활동이죠. 교과서에는 '손 씨름' 하나만 제시되어 있어서 「하루」 단원의 '애벌레

초등 1학년 신체 활동의 모든 것

놀이'에서 경험한 '한 줄 씨름'과 '손바닥 씨름'을 추가해 재구성했습니다.

1) 한 줄 씨름 (「하루」 단원의 '한 줄 씨름'과 동일)

① 원마커로 서 있는 위치를 지정해 준다.

② 각 팀에서 한 사람씩 나와 다리를 어깨너비로 벌리고 마주 선다.

③ 줄을 대각선으로 당겨 허리춤에서 잡는다. 이때 한 손으로는 줄의 끝을 잡고 다른 한 손으로는 줄의 앞쪽을 잡는다.

④ 힘을 주지 않은 상태로 잡고 있다가 교사가 신호를 주면 밀거나 당겨서 상대의 균형을 깨뜨린다.

⑤ 상대의 발이 바닥에서 완전히 떨어지거나 상대가 넘어지면 이긴다.

2) 손바닥 씨름 (「하루」 단원의 '손바닥 씨름'과 동일)

① 마주 선 상태에서 두 손을 양쪽으로 들어올렸을 때 두 사람의 손바닥이 자연스럽게 닿는 위치에 선다.

② 교사가 신호를 주면 손바닥을 쳐서 상대의 균형을 깨뜨린다.

③ 상대의 발이 바닥에서 완전히 떨어지거나 상대가 넘어지면 이긴다.

3) 손 씨름

① 두 사람이 마주 보고 서서 오른손을 잡는다. 손을 잡을 때는 깍지를 끼지

않고 엄지와 나머지 손가락을 교차해 잡는다.

② 교사는 가운데에 서서 두 사람 모두 손과 팔에 힘을 빼게 한다.

③ 교사가 신호를 주면 밀거나 당겨서 상대의 균형을 깨뜨린다.

④ 상대의 발이 바닥에서 완전히 떨어지거나 상대가 넘어지면 이긴다

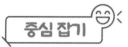

중심 잡기

기본 움직임 요소	밀기/당기기/균형 잡기
기본 움직임 기술	비이동 움직임
교과서 내용	• 짝과 함께 중심 잡기 • 세 사람이 모여 중심 잡기
특징	• 중심을 잡기 위해서는 근력은 물론 유연성도 필요 • 두 사람, 세 사람, 혹은 여러 사람이 함께 중심을 잡기 위해서는 상대에 대한 신뢰 필요
재구성	• 여러 가지 균형 놀이: 그동안 배운 균형 잡기 활동 복습하기 • 합동 균형 놀이: 두 사람 혹은 세 사람이 균형 잡기
재구성 활동 준비물	• 호루라기 또는 소고, 매트, 거울이 있는 신체 활동실
주의점	• 여러 단원에서 균형 잡기와 관련한 활동을 한 바 있으므로 준비운동으로 그동안 배운 내용 복습하기

초등 1학년 신체 활동의 모든 것

주의점	• 혼자 하는 균형 잡기에서 두 사람 혹은 세 사람이 하는 균형 잡기로 확장해 가되 체격이 비슷한 학생들끼리 팀을 정해 주고, 근력이나 균형 유지가 어려운 학생은 교사가 힘을 조절하며 도와주기

중심 잡기 활동은 신체의 균형을 유지하면서 움직이거나(동적 균형) 특정 자세를 유지하는(고정 균형) 활동입니다. 몸의 중심을 잡는 능력은 근력은 물론 유연성, 신경계의 통합적 조절 능력과 관련된 중요한 신체 발달 요소입니다. 그래서 1학년 단원의 신체 활동에 여러 균형 잡기 활동이 편성되어 있습니다.

사실 균형 잡기는 모든 신체 활동에 포함될 정도로 기본적인 움직임 기술입니다. 이번 활동에서는 그동안 배운 균형 잡기 중 재미있었던 놀이를 찾아보고 복습하는 '여러 가지 균형 놀이'로 준비운동을 진행합니다. 또한 '합동 균형 놀이'로 두 사람 혹은 세 사람이 균형 잡는 대형을 만들어 보는 것으로 구성했습니다.

1) 여러 가지 균형 놀이

① 동물 흉내 내기, 황소 씨름 고등어 씨름, 밥을 뜨자 국을 뜨자, 들강달강, 돼지 씨름, 비사치기, 콩 주머니 던지기, 한 줄 씨름, 손바닥 씨름, 짝꿍 주사위, 선 위에서 균형 잡기, 친구 동작 따라 하기, 텔레파시 균형 잡기, 손 씨름, 중심 잡기 등 1년 동안 배운 균형 잡기 놀이를 떠올려 본다.

한 발로 서서 상체 구부려 손잡기

두 발 모아 손잡고 뒤로 젖히기

두 발 모아 올리기

그림 10-1 · 합동 균형 놀이

② 다시 해 보고 싶은 놀이를 한 가지씩 정한다.

③ 하고 싶은 놀이가 같은 학생들끼리 모여서 활동한다.

2) 합동 균형 놀이

① 둘이서 균형 잡는 동작을 설명한다.

② 두 사람씩 짝을 지어, 두 발 모아 올리기, 한 발로 서서 상체 구부려 손잡기, 두 발 모아 손잡고 뒤로 젖히기에 도전해 본다. 상황에 따라 한 번에 여러 팀이 도전할 수 있다

③ 셋이서 균형 잡는 동작을 설명한다.

④ 세 사람씩 짝을 지어, 가운데 사람을 중심으로 손잡고 부채 모양 만들기, 한 발로 서서 상체 구부려 손잡기에 도전해 본다. 다칠 위험이 있으므로 한 팀씩 진행한다.

상어 술래잡기

기본 움직임 요소	걷기/달리기
기본 움직임 기술	이동 움직임

교과서 내용	• 호루라기 신호에 맞추어 특정 구역으로 뛰어가기 • 상어 술래잡기 놀이 하기
특징	• 얼음땡 놀이, 잡기 놀이, 고양이와 쥐 달리기, 꼬리 빼기, 가위바위보 술래잡기와 유사한 움직임 기술을 연습할 수 있는 활동 • 술래가 상어가 되고, 물고기는 상어를 피해 안전지대로 도망가는 놀이
재구성	• 지그재그 달리기: 방향을 바꿔 가며 달리기 연습하기 • 상어 술래잡기: 상어를 피해 안전지대로 도망가기
재구성 활동 준비물	• 호루라기 또는 소고, 고깔, 훌라후프, 접시콘
주의점	• 처음부터 운동장에서 놀이를 하기보다 체육관에서 놀이 규칙을 충분히 익힌 후에 운동장으로 나가기 • 접시콘과 훌라후프로 안전지대 만들기 • 몸 상태를 확인해 힘들면 안전지대에서 휴식 취하도록 안내하기

술래잡기는 단순한 규칙으로 여러 움직임 기술을 활용할 수 있는 놀이입니다. 달리면서 숨거나 잡는 과정에서 근력, 심폐 지구력, 순발력 등이 향상되고, 빠른 움직임을 통해 협응력과 균형 감각을 기를 수 있습니다. 이뿐만 아니라 숨거나 잡기 위해 전략을 세우고 판단하는 인지 능력, 규칙을 지키면서 놀이를 하는 자기 규제 능력 향상에도 기여합니다. 교과서에 제시된 '상어 술래잡기'는 1학년 말에 무리 없이 진행 가능한 놀이이므로 상어와 물고기, 사자와 사슴, 호랑이와 토끼, 독수리와 뱀 등 다양한 동물 생태계 이야기와 엮어서 변용할 수 있습니다.

1) 지그재그 달리기

① 경쟁 활동 기본 배치에서 접시콘을 반환점까지 지그재그로 늘어놓는다.

② 각 팀에서 한 사람씩 순서대로 나와 지그재그 경로를 따라 달리고 반환
점을 돌아 직선 달리기로 들어온다.

③ 릴레이 게임으로 진행한다.

2) 상어 술래잡기

① 접시콘으로 배 모양을 만들고, 훌라후프를 곳곳에 두어 물고기 집으로
정한다. 배와 물고기 집은 안전지대가 된다.

② 교사와 가위바위보를 해 술래를 정한다. 술래는 상어 조끼를 입는다.

③ 상어는 물고기를 잡으러 다니고 물고기는 상어를 피해 달리다가 힘들면
안전지대로 숨는다.

기본 움직임 요소	몸풀기
기본 움직임 기술	비이동 움직임
교과서 내용	• 몸풀기

	• 림보 놀이 하기
특징	• 몸을 낮추어 막대나 줄 아래 통과하는 놀이 • 「사람들」단원의 '줄 놀이'에서 림보 경험
재구성	• 거울 모드 몸풀기: 균형 잡기 동작을 거울 모드로 따라 하기 • 기어서 넘어서 통과하기: 갈 때는 기어서, 돌아올 때는 넘어서 통과하기 • 림보: 몸을 뒤로 젖혀 막대 아래 통과하기
재구성 활동 준비물	• 호루라기 또는 소고, 고깔, 림보 세트 혹은 고무줄, 허들
주의점	• 다치는 학생이 없도록 림보 하기 전에 충분히 몸풀기 • 너무 무리해서 하지 않도록 지도하기 • 림보 막대 아래에 매트 깔아 두기

림보는 누구나 경험해 본 놀이입니다. 허리와 다리를 뒤로 젖히면서 균형을 잡고 통과해야 하기 때문에 척추와 허리의 유연성, 평형 감각과 자세 조절 능력, 하체 근력 등을 강화하는 데 도움이 되지만 무리하게 하다가는 다칠 위험이 있습니다. 교사용 지도서는 "경쟁 활동으로 하면 더욱 흥미를 유발할 수 있으므로, 두 모둠으로 나누어 대결을 해도 좋다"고 기술하고 있습니다. 그러나 경쟁하지 않고 개인 기록 중심으로 진행해 1차 시도보다 조금 더 나아진 부분을 찾도록 안내하는 것이 좋습니다. 몸풀기 활동으로 그동안 배운 여러 균형 잡기 및 스트레칭 자세를 복습하고, 「탐험」 단원의 '기어서 넘어서 통과하기'를 경쟁 활동으로 넣고, '림보'에 도전해 보는 것으로 재구성했습니다.

1) 거울 모드 몸풀기

① 옆으로 나란히로 여유 공간 만들어 가로 두 줄 혹은 네 줄로 선다.

② 「학교」 단원의 '따라 하기 놀이', '짝 체조 놀이', '균형 잡기 놀이'에서 배운 동작을 거울 모드로 따라 한다.

③ 둘이서 하는 짝 체조는 두 팀으로 나누어 진행하고 동작이 정확하고 안전하게 만들어지게 지도한다.

2) 기어서 넘어서 통과하기

① 경쟁 활동 기본 배치에 맞게 정렬한다.

② 출발점과 반환점 사이에 허들 3~5개를 놓는다.

③ 각 팀에서 한 사람씩 나와 갈 때는 허들을 뛰어넘으면서 가고, 반환점을 돌아올 때는 허들 아래로 기어서 온다.

④ 허들이 넘어지면 세워 놓고 오도록 사전에 안내한다.

⑤ 처음 시도할 때는 릴레이보다 개별 활동으로 진행한다.

3) 림보

① 림보 세트를 준비한다. 림보 세트가 없다면 기둥에 줄을 묶거나 학생 둘이 줄 혹은 막대를 잡는 방식으로 진행한다.

② 머리, 어깨, 가슴, 허리, 고관절까지 5단계로 높이를 조정하면서 림보 게임을 한다.

볼링

기본 움직임 요소	던지기/차기/치기
기본 움직임 기술	조작 움직임
교과서 내용	• 준비운동 하기 • 볼링 놀이 하기
특징	• 공을 굴려 일정 거리에 있는 목표물을 쓰러뜨리는 놀이 • 정식 볼링핀과 볼링공을 활용한 놀이가 아닌 간이 볼링 세트 사용
재구성	• 공 굴리기: 공 굴려 목표 지점에 넣기 • 공 굴리고 달리기: 공 굴려 목표 지점에 넣고 달리기 • 볼링 게임 하기
재구성 활동 준비물	• 호루라기 또는 소고, 축구공 또는 농구공(5개 이상), 볼링핀(2세트 이상), 허들(5개 이상), 바구니(5개), 원마커(5개), 고깔
주의점	• 공을 정확하게 굴리는 연습을 한 후에 볼링 게임 하기 • 간이 볼링 세트가 없다면 페트병 활용하기 • 정식 볼링을 하는 것처럼 네 번째 스텝에서 공을 놓게 할지 제자리에서 두 손으로 공을 굴리게 할지 사전에 결정하기 • 자신이 굴린 공은 스스로 정리할 수 있도록 안내하기

　　볼링은 정확한 움직임 기술과 신체 조절 능력이 필요한 운동입니다. 한 손으로 공을 잡고 네다섯 걸음을 걸으며 마지막 걸음에서 팔을 뒤로 젖혔다가 내리면서 공을 내려놓고 마무리 동작을 할 때까지

균형과 자세를 유지해야 합니다. 그러나 1학년 학생들에게 이런 동작을 모두 요구하기에는 무리가 있으므로 '겨냥하여 맞추기'에 중점을 두고 활동하는 것이 좋습니다. 놀이를 시작하기 전에 정식 볼링을 하듯이 스텝을 밟고 공을 놓게 할지 제자리에서 두 손으로 공을 굴리게 할지 정해야 합니다. 교과서에 제시된 것처럼 제자리에서 두 손으로 공 굴리기에서 시작하기를 추천합니다.

1) 공 굴리기

① 원마커로 시작점 5개를 표시하고 원마커 옆 바구니에 공을 2개씩 넣어 둔다.

② 출발점 2미터 앞에 허들 5개를 놓는다.

③ 다섯 사람씩 나와서 원마커 위에 서서 공을 굴려 허들을 통과하게 한다.

④ 한 번에 2개씩 공을 굴리고 난 다음 굴린 공을 가져와 바구니에 넣는다.

⑤ 다음 다섯 사람이 도전한다.

⑥ 학생들의 성공률이 높으면 허들과의 거리를 2미터 이상으로 벌려 진행한다.

2) 공 굴리고 달리기

① 출발점 2미터 앞에 허들 1개를 놓는다.

② 각 팀 선수는 출발점에 서서 공을 굴려 허들을 통과시킨 다음 공을 잡고

달려서 반환점을 돌아온다.

③ 다음 선수에게 공을 전달한다.

④ 릴레이로 진행하며 달려서 들어올 때는 허들을 뛰어넘어 들어오도록 할 수 있다.

3) 볼링

① 출발점 2~3미터 앞에 볼링핀을 놓는다.

② 볼링 세트 수량에 따라 두 팀에서 다섯 팀으로 진행한다.

③ 팀별로 순서를 정한 후 한 사람씩 나와서 공을 굴린다.

④ 공을 굴린 학생이 볼링핀을 세우고, 공을 들고 들어와 다음 선수에게 전달한다.

⑤ 쓰러진 핀의 수를 더한 개인 점수를 스스로 합산한다.

공 들고 이동하기

기본 움직임 요소	도구 활용
기본 움직임 기술	조작 움직임
교과서 내용	• 다양한 공과 라켓 탐색하기

	• 라켓 위에 공 올리고 이동하기
특징	• 라켓 위에 여러 크기와 모양의 물건 올리고 이동하면서 손과 눈의 협응력, 소근육 조절 능력, 균형 감각 사용 • 공 이외에 다양한 종류의 라켓 활용
재구성	• 공 던지고 달리기: 여러 종류의 공 던지고 달리기 • 라켓으로 공 튀기기: 라켓 위에 볼풀공 올리고 튀기기 • 라켓으로 공 운반하기: 라켓 위에 공 올리고 반환점 돌아오기
재구성 활동 준비물	• 호루라기 또는 소고, 다양한 공과 라켓, 고깔, 바구니
주의점	• 테니스공, 티볼, 스캐터볼, 탱탱볼, 배구공, 볼풀공 등 사용하기 • 테니스, 배드민턴, 탁구, 스피드민턴, 패드민턴(핸들러) 등의 라켓 활용하기 • 여러 공을 던지고 달리면서 공의 무게와 크기 등 경험하기 • 라켓 위에 공 올리고 튀기면서 공과 라켓의 탄성 작용을 체험하고, 손과 눈의 협응력, 민첩성과 순발력, 신체 조절 능력 연습하기

　　명칭은 '공 들고 이동하기'지만 실제로는 라켓 위에 공을 올려 떨어뜨리지 않고 목표 지점까지 이동하는 활동입니다. 그래서 활동 이름을 '라켓으로 공 운반하기'로 변경했습니다. 조작 움직임 기술과 이동 움직임 기술을 사용하면서 손과 눈의 협응력, 소근육 조절 능력, 균형 감각, 민첩성 등을 키울 수 있는 놀이입니다. 본격적인 활동에 들어가기에 앞서 여러 종류의 공을 준비해 '공 던지고 달리기'를 하면서 공의 무게와 크기 등을 경험하게 하고, 라켓 위에 공을 올리고 튀기면서 공과 라켓의 탄성 작용, 떨어지면 굴러가는 공의 속성 등을

체함할 수 있게 구성했습니다.

1) 공 던지고 달리기

① 경쟁 활동 기본 배치에 맞게 정렬한다.

② 학생들에게 사용할 공의 이름을 알려 주고 직접 살피며 특성을 파악하게
한다.

③ 순서에 맞춰 팀별로 나와 정해진 공을 던지고 달려가 공을 잡은 다음 반
환점을 돌아 들어온다.

④ 다음 주자에게 공을 전달한다.

⑤ 활동이 한 차례 끝나면 다른 공으로 바꿔서 진행한다.

2) 라켓으로 공 튀기기

① 라켓 5개와 가벼운 공 5개를 준비한다.

② 다섯 사람씩 나와서 라켓 위에 공을 올리고 정해진 시간(약 1분) 동안
튀긴다.

③ 시간이 종료되면 다음 다섯 사람이 나와서 진행한다.

3) 라켓으로 공 운반하기

① 경쟁 활동 기본 배치에 맞게 정렬한다.

② 사용할 라켓과 공을 정한다.

③ 순서에 맞춰 팀별로 나와 라켓 위에 공을 올려 떨어뜨리지 않고 반환점을 돌아 들어온다.

④ 다음 주자에게 라켓과 공을 전달한다.

⑤ 활동이 한 차례 끝나면 다른 라켓과 공으로 바꿔서 진행한다.

2022 개정 교육과정에 맞춘

초등 1학년 신체 활동의 모든 것

초판 1쇄 펴낸날 2025년 6월 9일

지은이   한희정
펴낸이   홍지연

편집   홍소연 김선아 김영은 차소영 조어진 서경민
디자인   이정화 박태연 정든해 이설
마케팅   강점원 신예은 김가영 김동휘
경영지원 정상희 배지수

펴낸곳   ㈜우리학교
출판등록 제313-2009-26호(2009년 1월 5일)
제조국   대한민국
주소   04029 서울시 마포구 동교로12안길 8
전화   02-6012-6094
팩스   02-6012-6092
홈페이지 www.woorischool.co.kr
이메일   woorischool@naver.com

© 한희정, 2025

ISBN   979-11-6755-327-0 03370

• 책값은 뒤표지에 적혀 있습니다.
• 잘못된 책은 구입한 곳에서 바꾸어 드립니다.

만든 사람들
편집   이예은
디자인   책은우주다